Das Tüpfelchen auf dem i

ist eine gute Sauce. Wohl dem, der ein großes Rezept-Repertoire hat! Denn wie Kleider erst Leute, machen Saucen oft das Gericht. Wer einmal die Grundlagen der Zubereitung erlernt hat, wird Spaß daran haben, mit Saucen Abwechslung auf den Speiseplan zu bringen und auch bald selbst zu kreieren. Dazu brauchen Sie nur etwas Übung, erstklassiges Handwerkszeug und hervorragende frische Zutaten, denn: Jede Sauce kann nur so gut sein wie das, was in ihr steckt.

Die Farbfotos gestalteten
Odette Teubner
und Kerstin Mosny.

INHALT

Welche Sauce paßt wozu?

Das ist eine Frage des Geschmacks und des Fingerspitzengefühls. Eine Sauce sollte mit dem Gericht, zu dem sie gereicht wird, geschmacklich und farblich harmonieren, seinen Eigengeschmack unterstreichen. Natürlich vertragen weniger geschmacksintensive Gerichte kräftigere Saucen als andere, die ein charakteristisches Eigenaroma haben. Saucen aber, die in ihrer Konsistenz und ihrem Aroma robust dominieren, haben ihren Zweck verfehlt. Auch die Menge ist je nach Verwendungsart unterschiedlich.
Ein kleines Kalbsmedaillon oder ein Seezungenfilet möchte nicht in einem Saucensee ertrinken. Für Nudeln dagegen braucht man schon eine ordentliche Menge davon. Denn gerade bei Nudeln sind Saucen nicht nur Geschmacksgeber, sondern sie sollen auch sättigen.

Nudeln
Nudelsaucen dürfen kräftig sein und Fisch, Fleisch, Gemüse, Geflügel oder einfach nur Käse und Sahne enthalten. Nudelsaucen können Sie nach Geschmack und Laune variieren.

Gemüse
Da Gemüse an sich sehr leicht und kalorienarm ist, dürfen die Saucen dazu, als Ausgleich, ruhig üppiger sein. Saucen mit dezentem Aroma eignen sich sehr gut, weil sie den Eigengeschmack der Gemüse nicht überdecken. Zum Spargel sind aufgeschlagene Saucen wie Hollandaise oder Béarnaise immer wieder köstlich. Genauso eine leichte Kräutersauce. Wenn Gemüse als Hauptgericht serviert wird, kann die Sauce auch kräftiger und sättigend sein, wie etwa eine Sahnesauce mit Schinkenstreifen zu Kohlrabi oder eine Béchamel zum Gemüseauflauf.

Fisch
Zu Fisch, besonders zu gedünstetem oder gekochtem, passen zarte Saucen, wie etwa eine Kerbelsahne. Gebratener oder gegrillter, beziehungsweise fritierter Fisch verträgt eine kräftige Mayonnaisensauce, vielleicht mit Knoblauch. Oliven oder Kräutern. Zu kaltem Fisch wie Matjesfilets oder Räucherlachs paßt eine kräftige, säuerliche Sauce sehr gut.

Fleisch
Hier kommt es auf die Fleischsorte und die Zubereitungsart an. Zartes Filet, gedünstet oder gebraten, schmeckt mit einer kräftigen, aber nicht dominanten Sauce. Gegrilltes Fleisch verträgt kräftige, scharfe Saucen wie eine Paprikasauce mit Cayennepfeffer oder eine Olivensauce mit Knoblauch.
Diese Art von Saucen schmeckt auch gut zu gebratenen oder gegrillten Würsten. Zu Wild sind süß-säuerliche Saucen wie Cassis- oder Preiselbeersauce besonders apart.

Geflügel
Gedünstete oder gebratene Hühnerbrüstchen sind zart und haben nicht viel Eigengeschmack. Eine Curry- oder Safransauce oder auch eine Pilzsauce paßt hervorragend.

Nützliche Helfer

Der Pürierstab
wird benötigt zum Pürieren von Gemüsesaucen, zum Emulgieren von Salatsaucen und zum Aufschlagen von Butter- und Sahnesaucen. Wenn Sie eine Sauce vor dem Servieren nochmals kurz mit dem Pürierstab durchrühren, bekommt sie eine leichte, schaumige Konsistenz.

Der Mixer
ist praktisch zum Pürieren von Saucen, besonders bei größeren Mengen. Allerdings müssen warme Saucen dann nochmals in den Topf gefüllt und wieder erhitzt werden.

Durch ein feines Sieb (Haarsieb)
werden Saucen passiert, die noch gröbere Bestandteile haben, zum Beispiel Schalottenwürfel oder die winzigen Kerne der Himbeeren.

Wasserbadtopf
Speziell fürs Wasserbad gibt es einen doppelwandigen Topf, in den heißes Wasser gefüllt wird. Er dient zum Aufschlagen von Saucen, ist aber auch gut zum Warmhalten. Das Wasser sollte immer knapp unter dem Siedepunkt

bleiben, denn in aufgeschlagenen Saucen sind fast immer Eigelbe oder Butter enthalten, beides flockt bei zu großer Erhitzung aus.
Wer diesen speziellen Topf nicht besitzt, kann einen einfachen Topf nehmen, mit Wasser füllen und eine in der Größe passende feuerfeste Schüssel hineinsetzen. Metallschüsseln eignen sich besonders gut, weil sie die Hitze sehr gut leiten. Auch hier gilt: Das Wasser nicht über den Siedepunkt erhitzen.

Schneebesen und Handrührgerät
Beim Aufschlagen von Saucen kommt durch die Bewegung Luft in die Sauce, das macht sie schön leicht. Außerdem verbinden sich die Bestandteile der Sauce gleichmäßig miteinander und ergeben eine homogene Masse.

Mit dem Blitzhacker
können Sie schnell Gewürze, Kräuter, Fisch, Fleisch und Gemüse zerkleinern, bevor sie in die Sauce gerührt werden.

Schneidebrett und Messer
Ganz wichtig ist ein gut aufliegendes Schneidebrett. (Falls es nicht so gut aufliegt, einfach ein Küchentuch darunterlegen, das gleicht aus).
Das A und O in der Küche sind gute, scharfe Messer. Beim Kauf von Messern lohnt es sich ganz besonders, auf hervorragende Qualität zu achten. Die kostet natürlich mehr, aber es macht sich bezahlt, denn mit gutem Werkzeug macht das Kochen nochmal soviel Spaß.

Knoblauchpresse
Damit wird der Knoblauch sehr viel feiner zerkleinert als mit einem Messer. Übrigens, es gibt Knoblauchpressen, die gleich einen Reinigungszusatz haben. Bei einer »normalen« Knoblauchpresse lassen sich die Löcher gut mit einem Zahnstocher säubern.

Saucen binden

Mehlschwitze,
die klassische Grundsauce.
Etwa 1 Eßlöffel Butter schmelzen, die gleiche Menge Mehl dazugeben, anschwitzen und mit etwa 3/8 l Flüssigkeit (Wasser, Brühe, Fond, Wein) nach und nach aufgießen. Dabei ständig rühren und die Sauce aufkochen lassen, dann 8–10 Minuten köcheln, bis sie leicht gebunden ist. Würzen und Geschmackszutaten wie Kräuter, Kapern, Senf unterrühren.
Wenn die Sauce dunkel sein soll, das Mehl so lange im Fett rösten, bis es Farbe genommen hat. Dafür ist etwas mehr Mehl nötig, da das stärkere

Mit diesen praktischen Küchenhelfern bekommen Saucen erst die richtige Konsistenz. Erst durch kräftiges Aufschlagen werden sie schön schaumig, luftig und leicht.

Anrösten etwas von seiner Bindefähigkeit nimmt. Béchamelsauce ist eine Variante davon, als Flüssigkeit wird hier Milch verwendet.

Saucenbinder
ist ein modernes Produkt, das es in heller und dunkler Variante gibt. Er wird einfach in die köchelnde Flüssigkeit gerührt und bindet sehr schnell ohne Klümpchen.

Speisestärke
muß mit wenig kalter Flüssigkeit angerührt werden. Diese Mischung gibt man in die heiße Sauce, die dann nochmals etwas köcheln muß. Je nach Menge der Speisestärke wird die Sauce dicker oder bindet nur ganz leicht.

Butter-Mehl-Kloß
(französisch: beurre maniée) Dafür wird etwa 1 gehäufter Eßlöffel Mehl mit derselben Menge Butter verknetet. Die Sauce vom Herd nehmen und den Kloß unterrühren. Dann 3–5 Minuten köcheln, damit die Sauce bindet und der Mehlgeschmack verkocht.

Pfeilwurzelmehl
ist ein Bindemittel, das aus tropischen Pflanzen gewonnen wird. Es wird auch unter dem Namen Arrowroot angeboten und ist im Reformhaus erhältlich. Es ist geschmacksneutral und bindet schon vor dem Kochen. Ein Teelöffel davon hat etwa soviel Bindefähigkeit wie ein Eßlöffel Mehl. Für exotische Gerichte ist es besonders gut geeignet.

Eigelb
Es sollte mit etwas Saucenflüssigkeit verrührt, dann in die Sauce gegeben und langsam erwärmt werden. Dabei sorgfältig rühren und darauf achten, daß die Sauce nicht kocht, sonst gerinnt das Eigelb und bildet unschöne Flocken. Das Binden mit Eigelb nennt man »legieren«.

Fleischbrühe oder Fond, Milchprodukte, Butter, Gewürze, Kräuter, geriebene Kartoffeln zum Binden und ein paar raffinierte Köstlichkeiten: daraus ensteht, oft fast im Handumdrehen, für jedes Gericht die passende, krönende Sauce.

Sahne, Crème fraîche, Crème double
Da Sahne ziemlich dünnflüssig ist, bindet sie erst, wenn sie eingekocht wird. Bei Crème double und Crème fraîche ist das nicht im gleichen Maße nötig, weil sie viel dickflüssiger sind. Crème fraîche ist im Geschmack säuerlicher, das gibt eine aparte Geschmacksnote.

Saure Sahne
Im Gegensatz zu ihren obengenannten Verwandten hat sie nur einen Fettgehalt von 10%. Das bedeutet, daß sie keine große Hitze verträgt und ausflockt. Deshalb ist sie weniger zum Binden als zum geschmacklichen Abrunden von Saucen geeignet. Allerdings spart man Kalorien. Für kalte Saucen wie Salatsaucen können Sie sie gut verwenden.

Butter
Damit sie Saucen bindet, muß die Butter eiskalt sein. Die Sauce vom Herd nehmen. Die Butter in kleinen Stückchen mit dem Schneebesen oder dem Handrührgerät so lange unter die Sauce schlagen, bis sie beginnt, cremig zu werden. Süßrahmbutter ist besser geeignet als Sauerrahmbutter. Mit Butter »aufmontierte« Saucen, wie es in der Profisprache heißt, sind sehr gut zu edlem Fisch oder Fleisch. Da sie sehr gehaltvoll ist, wird sie nur in kleinen Mengen gereicht. Wenn die Sauce warm gehalten werden muß, am besten im Wasserbad.

Bunte Gewürze geben Saucen farblichen Pfiff und, so nebenbei, auch Geschmack.

Gemüsepüree
Kalorienarm und sehr aromatisch sind Saucen, die durch Gemüse gebunden werden. Es muß gedünstet oder geschmort und dann püriert werden. Zwiebeln sind dafür sehr gut geeignet, ebenso Paprikaschoten. Auch eine rohe Kartoffel bindet gut. Sie wird ganz fein in eine Sauce gerieben und mitgekocht.

Kartoffelpüree
Ein einfacher, aber sehr wirkungsvoller Trick ist das Binden mit Instant-Kartoffelpüree. Die Menge hängt davon ab, wie dick die Sauce sein soll.

Reduzieren
Eine Sauce wird auch ohne Bindemittel dicker, wenn sie reduziert, das heißt eingekocht wird. Die Masse verringert (reduziert) sich, und die Sauce wird dicker. Aber Vorsicht, dann erst am Schluß würzen, denn auch die Würzkraft erhöht sich durch das Einkochen.

Noch ein paar Tips und Tricks

Luftiger werden Saucen,
wenn Sie vor dem Servieren noch ein paar Eßlöffel geschlagene Sahne unter die fertige Sauce heben.

Wenn die Sauce zu dick geworden ist,
einfach etwas Brühe oder Wasser dazugießen und rühren, bis sie die gewünschte Konsistenz hat. Nochmals kurz aufkochen und eventuell nachwürzen.

Wenn sie versalzen ist,
etwas Sahne mit etwa 2 Teelöffeln Mehl verrühren, unter die Sauce mischen und zugedeckt etwa 5 Minuten köcheln lassen. Oder eine rohe Kartoffel fein in die Sauce reiben und alles noch einmal köcheln lassen.

Sämig
wird die Sauce durch Untermischen von Tomatenmark oder Senf. Beides gibt auch eine schöne Farbe.

Farbtupfer
geben auch Gewürze wie Safran, Currypulver, Kurkuma und Paprikapulver. Schon eine kleine Menge kann sowohl den Geschmack als auch die Farbe Farbe verbessern.

Heller Kalbsfond

Er wird als Basis für helle Saucen verwendet.

Zutaten für etwa 1 l:
2 Möhren
1 Stange Lauch (etwa 150 g)
2 Stangen Sellerie
1 Petersilienwurzel
1 mittelgroße Zwiebel
1,2 kg Kalbsknochen
und -abschnitte
(vom Metzger kleinhacken lassen)
3 Eßl. Butter
1 Eßl. weiße Pfefferkörner
1 Lorbeerblatt · Salz
3/8 l trockener Weißwein

Braucht etwas Zeit

Insgesamt etwa:
3500 kJ/830 kcal
13 g Eiweiß · 40 g Fett
43 g Kohlenhydrate

- Zubereitungszeit: etwa 3 Stunden

1. Die Möhren schälen, waschen und würfeln. Den Lauch putzen und in breite Ringe schneiden. Den Sellerie putzen und mit den Blättern kleinschneiden. Die Petersilienwurzel und die Zwiebel schälen und grob zerkleinern.

2. Die Knochen mit kaltem Wasser gründlich abspülen.

3. Die Butter in einem großen Topf oder einem Bräter erhitzen. Die Kalbsknochen und das Gemüse darin kurz andünsten, ohne zu bräunen.

4. Die Pfefferkörner, das Lorbeerblatt und etwas Salz hinzufügen und mit dem Weißwein aufgießen. Den Weißwein bei mittlerer Hitze einkochen lassen. Alles abkühlen lassen.

5. Mit 2 1/2 l Wasser aufgießen und im offenen Topf etwa 2 Stunden köcheln lassen, bis sich die Flüssigkeit auf etwa 1 l reduziert hat. Anschließend den Fond durch ein feines Sieb gießen und abschmecken.

Dunkler Kalbsfond

Die Grundlage für dunkle Saucen. Am besten bereiten Sie gleich eine größere Menge zu und frieren sie ein.

Zutaten für etwa 1 l:
1,2 kg Kalbsknochen
(vom Metzger kleinhacken lassen)
2 Eßl. Öl
3 Eßl. Tomatenmark
100 g Stangensellerie
100 g Möhren
2 mittelgroße Zwiebeln
1 Knoblauchzehe
1 Lorbeerblatt
2 Teel. schwarze Pfefferkörner
1 Zweig Thymian · 2 Pimentkörner
3/8 l trockener Weißwein

Braucht etwas Zeit

Insgesamt etwa:
2300 kJ/550 kcal
5 g Eiweiß · 17 g Fett
30 g Kohlenhydrate

- Zubereitungszeit: etwa 3 1/2 Stunden

1. Die Kalbsknochen kalt abspülen und abtrocknen. Das Öl in einem Bräter erhitzen und die Kalbsknochen darin sehr kräftig anbraten und dabei Farbe nehmen lassen. Das Tomatenmark unterrühren.

2. Inzwischen den Sellerie waschen, putzen und in Stücke schneiden. Die Möhren schälen, und grob zerkleinern. Die Zwiebeln schälen und achteln. Den Knoblauch schälen. Alles unter die Knochen mischen und mitbraten.

3. Das Lorbeerblatt, die Pfefferkörner, den Thymian und die Pimentkörner hinzufügen, umrühren und mit dem Wein ablöschen. Bei mittlerer Hitze fast ganz einkochen lassen.

4. Mit 2 l Wasser aufgießen und bei milder Hitze offen knapp 3 Stunden köcheln lassen. Dabei den Schaum abschöpfen. Falls nötig, Wasser nachgießen. Die Fondmenge sollte dann etwa 1 l sein. Den Fond durch ein Haarsieb gießen, abkühlen lassen und nach Belieben entfetten.

Tip!

Um den Fond zu entfetten, heben Sie nach dem Abkühlen die erstarrte Fettschicht ab.

Im Bild vorne: Heller Kalbsfond
Im Bild hinten: Dunkler Kalbsfond

Wildfond

Ergibt eine kräftige Saucenbasis für Wildsaucen. Sie kann durch Crème fraîche, Johannisbeergelee oder Nüsse verändert werden.

Zutaten für etwa 1 l:
2 Möhren
1 große Zwiebel
2 Stangen Lauch
2 Stangen Sellerie
1 kg Wildknochen und -abschnitte (vom Händler kleinhacken lassen)
2 Eßl. Öl
1 Bund glatte Petersilie
1 Lorbeerblatt
1 Thymianzweig
2 Teel. schwarze Pfefferkörner
2 Teel. Wacholderbeeren
1 Knoblauchzehe
3/4 l trockener Rotwein
2 l Wasser
Salz

Exklusiv

Insgesamt etwa:
3800 kJ/900 kcal
13 g Eiweiß · 18 g Fett
38 g Kohlenhydrate

- Zubereitungszeit: etwa 3 Stunden

1. Die Möhren schälen, waschen und in dicke Scheiben schneiden. Die Zwiebel schälen und achteln. Den Lauch putzen, längs aufschlitzen, gründlich ausspülen und in breite Ringe schneiden. Den Sellerie waschen, putzen und mit den Blätterr in Scheiben schneiden. Die Knochen abspülen und abtrocknen.

2. Das Öl in einem Bräter erhitzen und die Wildknochen darin sehr kräftig anbraten, so daß sich ein Bratensatz bildet.

3. Das Gemüse untermischen und mitbraten, bis es Farbe genommen hat. Die Petersilie spülen, trockenschütteln und mit dem Lorbeerblatt, dem Thymian, den Pfefferkörnern und den Wacholderbeeren hinzufügen. Den Knoblauch schälen, längs halbieren und in den Topf geben.

4. Mit dem Rotwein aufgießen und köcheln, bis er fast verdampft ist. Mit dem Wasser aufgießen und bei schwacher Hitze köcheln, bis sich die Flüssigkeit gut um die Hälfte reduziert hat. Den Wildfond durch ein feines Sieb gießen, salzen und abkühlen lassen. Anschließend die erkaltete Fettschicht abnehmen.

Geflügelfond

Durch die gelierenden Stoffe in Haut und Knochen wird der Fond geleeartig und bekommt einen kräftigen Geschmack, der Saucen Würze und Gehalt gibt.
Im Schnellkochtopf verkürzt sich die Garzeit für Fonds übrigens um etwa zwei Drittel!

Zutaten für etwa 1 l:

- *1 Stange Lauch (etwa 150 g)*
- *1 Stück Knollensellerie (etwa 100 g)*
- *2 Stangen Sellerie*
- *1 Möhre*
- *750 g Geflügelabschnitte wie Flügel, Haut, Knochen*
- *1 Thymianzweig*
- *1 Eßl. weiße Pfefferkörner*
- *1 Lorbeerblatt*
- *3/4 l trockener Weißwein*
- *1 1/2 l Wasser*
- *Salz*

Gelingt leicht

Insgesamt etwa:
3000 kJ/710 kcal
10 g Eiweiß · 2 g Fett
39 g Kohlenhydrate

- Zubereitungszeit: 4–5 Stunden

1. Den Lauch putzen, längs aufschlitzen und gründlich waschen. Anschließend in grobe Stücke schneiden. Den Knollensellerie schälen, waschen und in Würfel schneiden. Den Stangensellerie waschen, putzen und mit den Blättern in dickere Scheiben schneiden. Die Möhre schälen, waschen und in Stücke schneiden.

2. Die Geflügelabschnitte waschen, zerkleinern und mit dem Gemüse in einen Topf geben. Den Thymianzweig, die Pfefferkörner, das Lorbeerblatt und den Weißwein hinzufügen. Im offenen Topf aufkochen und köcheln, bis der Weißwein fast verdunstet ist.

3. Anschließend mit dem Wasser aufgießen und im offenen Topf etwa 2 Stunden köcheln. Den Fond anschließend durch ein feines Sieb gießen und bei mittlerer Hitze in 1–2 Stunden auf etwa 1 l einkochen lassen. Abkühlen lassen und die entstandene Fettschicht entfernen.

4. Den Geflügelfond für Suppen oder Saucen verwenden. Da die Zubereitung aufwendig ist, lohnt es sich, eine größere Menge zuzubereiten und portionsweise einzufrieren.

Senfsahne-Sauce

Gut zu gedünstetem Fisch, pochierter Hühnerbrust oder Scampi.

Zutaten für 4 Personen:
2 Schalotten
1 Eßl. Butter
1/4 l trockener Weißwein
4 Eßl. Rotisseursenf
6 Eßl. Crème fraîche
Salz
weißer Pfeffer, frisch gemahlen
Zitronensaft
Worcestersauce

Gelingt leicht

Pro Portion etwa:
740 kJ/180 kcal
2 g Eiweiß · 12 g Fett
4 g Kohlenhydrate

- Zubereitungszeit: etwa 15 Minuten

1. Die Schalotten schälen und fein hacken. Die Butter erhitzen und die Schalotten darin weich dünsten.

2. Mit dem Weißwein ablöschen und die Flüssigkeit bei mittlerer Hitze zur Hälfte einkochen lassen.

3. Den Senf und die Crème fraîche unterrühren und aufkochen. Die Sauce mit Salz, Pfeffer, Zitronensaft und Worcestersauce abschmecken.

Rotweinbutter

Sie ist besonders köstlich zu Wild, Leber oder kurzgebratenem Fleisch.

Zutaten für 4 Personen:
2 Schalotten
1 Eßl. Butter
3/8 l Beaujolais
(oder anderer trockener Rotwein)
125 g eiskalte Butter
Salz
schwarzer Pfeffer, frisch gemahlen

Schnell

Pro Portion etwa:
1500 kJ/360 kcal
1 g Eiweiß · 32 g Fett
2 g Kohlenhydrate

- Zubereitungszeit: etwa 15 Minuten

1. Die Schalotten schälen und fein hacken. Die Butter in einem Topf erhitzen und die Schalotten darin bei schwacher Hitze weich dünsten.

2. Mit dem Rotwein ablöschen und die Flüssigkeit bei mittlerer Hitze um etwa die Hälfte einkochen. Vom Herd nehmen.

3. Die Butter stückchenweise mit dem Schneebesen unterschlagen, bis die Sauce cremig wird. Mit Salz und Pfeffer abschmecken.

Käse-Pfeffer-Sauce

Klassisch zu Steaks, paßt auch gut zu gebratenem Fisch, Fleischküchlein oder Geflügelnocken.

Zutaten für 4 Personen:
100 g Frischkäse
1/8 l Fleischbrühe
3 Eßl. grüne Pfefferkörner
2 Eßl. Cognac
Paprikapulver, edelsüß
Salz
Zitronensaft

Preiswert

Pro Portion etwa:
250 kJ/60 kcal
3 g Eiweiß · 4 g Fett
1 g Kohlenhydrate

- Zubereitungszeit: etwa 15 Minuten

1. Den Frischkäse mit der Fleischbrühe in einen Topf geben, mit dem Schneebesen verrühren und aufkochen.

2. Die grünen Pfefferkörner und den Cognac dazugeben und die Masse bei mittlerer Hitze etwas einkochen.

3. Die Sauce mit Paprika, Salz und Zitronensaft abschmecken.

Im Bild vorne: Käse-Pfeffer-Sauce
Im Bild Mitte: Senfsahne-Sauce
Im Bild hinten: Rotweinbutter

Béchamelsauce

Eine Basissauce für Aufläufe, Gratins und Soufflés. Zu gedünstetem Gemüse, Kartoffeln, pochierten Eiern. Diese Zubereitungsart ist einfacher als die klassische. Geschmacklich gibt es keinen Unterschied.

Zutaten für 4 Personen:
100 g Butter · 50 g Mehl
1/2 l Milch · Salz
weißer Pfeffer, frisch gemahlen
Muskatnuß, frisch gerieben

Gelingt leicht

Pro Portion etwa:
1300 kJ/310 kcal
6 g Eiweiß · 25 g Fett
15 g Kohlenhydrate

- Zubereitungszeit: etwa 10 Minuten

1. Die Butter in Würfel teilen, mit dem Mehl und der Milch in einen Topf geben. Mit Salz, Pfeffer und Muskat würzen. Unter ständigem Rühren mit dem Schneebesen einmal aufkochen lassen.

2. Die Sauce in etwa 5 Minuten bei ganz schwacher Hitze einkochen, bis sie dicklich wird. Vor dem Servieren nochmal abschmecken.

Varianten:
Sauce Soubise
Während die Béchamelsauce köchelt, 3 feingehackte Zwiebeln in 2 Eßlöffeln Butter weich dünsten, aber nicht bräunen lassen. Unter die Sauce mischen und mit Salz, Pfeffer und 1 Prise Zucker abschmecken. Für Gemüsegratins, zu pochierten Eiern und im Nudelauflauf.

Sauce Mornay
In die Sauce 2 Eigelb und 100 g frisch geriebenen Gruyère untermischen. Bei schwacher Hitze rühren, bis der Käse geschmolzen ist. Mit Pfeffer abschmecken. Sie ist gut geeignet als Füllung von Crêpes, zum Überbacken von Gratins und als Basis von Aufläufen.

Sauce hollandaise

Klassisch zu Spargel und gekochtem Fisch.

Zutaten für 4 Personen:
200 g Butter
3 Eigelb · Salz
weißer Pfeffer, frisch gemahlen
Zitronensaft

Etwas schwierig

Pro Portion etwa:
1800 kJ/430 kcal
3 g Eiweiß · 46 g Fett
0 g Kohlenhydrate

- Zubereitungszeit: etwa 15 Minuten

1. Die Butter in einem kleinen Topf bei schwacher Hitze schmelzen, vom Herd nehmen und den Schaum abheben.

2. Die Eigelbe mit 1 Eßlöffel Wasser in einer Metallschüssel verrühren und in ein leise siedendes Wasserbad stellen.

3. Die Butter erst tropfenweise, dann in dünnem Strahl zufließen lassen, dabei ständig mit dem Schneebesen oder dem Handrührgerät schlagen, bis eine dickliche Sauce entstanden ist.

4. Mit Salz, Pfeffer und Zitronensaft abschmecken.

> **Tip!**
> Sollte die Sauce gerinnen, können Sie sie mit ein paar Tropfen kaltem Wasser wieder aufschlagen.

Varianten:
Sauce mousseline
Die Sauce hollandaise mit 150 g Butter und 2 Eigelb herstellen. 200 g Sahne steif schlagen und gleichmäßig unterheben. Mit Zitronensaft und 1 Messerspitze Cayennepfeffer abschmecken. Besonders köstlich zu gedünstetem Gemüse oder Geflügel.

Sauce anisée
Sauce hollandaise ohne Zitronensaft zubereiten. 2 cl Anisschnaps sowie das feingehakte Grün von 1–2 Fenchelknollen unterrühren. Hervorragend zu gegrilltem Fisch.

Bild oben: Béchamelsauce
Bild unten: Sauce hollandaise

Rieslingsauce

Sie paßt zu gedünstetem Geflügel, Fisch und gedünstetem Gemüse. Je nach Verwendungsart können Sie noch frische Kräuter unterheben.

Zutaten für 4 Personen:
2 Schalotten
1 Eßl. Butter
3/8 l Riesling (oder anderer trockener Weißwein)
125 g eiskalte Butter · Salz
weißer Pfeffer, frisch gemahlen
1 Messerspitze Cayennepfeffer
etwas Zitronensaft

Raffiniert

Pro Portion etwa:
1400 kJ/330 kcal
1 g Eiweiß · 29 g Fett
4 g Kohlenhydrate

- Zubereitungszeit: etwa 25 Minuten

1. Die Schalotten schälen und fein hacken. Die Butter in einer Kasserolle erhitzen und die Schalotten darin weich dünsten.

2. Mit dem Weißwein ablöschen und die Flüssigkeit um etwa ein Drittel bei mittlerer Hitze einkochen lassen.

3. Die eiskalte Butter in Flokken mit dem Schneebesen kräftig unterschlagen. Die Sauce nicht mehr aufkochen!

4. Die Rieslingsauce mit Salz, Pfeffer, dem Cayennepfeffer und Zitronensaft dezent abschmecken.

Sauce béarnaise

Klassisch wird sie zu Steaks gereicht. Sie paßt aber auch zu Gemüse wie Spargel, zu gekochten Kartoffeln oder zu Fisch (ideal zu Lachsforelle).

Zutaten für 4 Personen:
4 Eßl. trockener Weißwein
4 Eßl. Estragonessig
2 Schalotten
2 Stengel frischer Estragon
2 Stengel frischer Kerbel
3 Eigelb
200 g eiskalte Butter
Salz
Cayennepfeffer
weißer Pfeffer, frisch gemahlen

Berühmtes Rezept

Pro Portion etwa:
1900 kJ/450 kcal
3 g Eiweiß · 46 g Fett
2 g Kohlenhydrate

- Zubereitungszeit: etwa 40 Minuten

1. Den Weißwein und den Essig in einen Topf geben und aufkochen. Die Schalotten schälen und fein hacken. Die Kräuter abspülen, trockenschütteln. Die Blättchen von den Stengeln zupfen und fein hacken. Die Stiele mit den Schalotten in den Topf geben und die Flüssigkeit etwas einkochen lassen.

2. Durch ein Sieb in eine Metallschüssel gießen und die Eigelbe mit dem Schneebesen unterschlagen. Die Schüssel in ein Wasserbad stellen und langsam erhitzen. Nach und nach die Butter flöckchenweise einrühren, bis die Sauce dickcremig wird, aber nicht kochen lassen, sonst gerinnt sie.

3. Die Kräuterblättchen einrühren und die Sauce mit Salz, Cayennepfeffer und weißem Pfeffer abschmecken.

Varianten:

Sauce Choron

1 große Fleischtomate häuten, entkernen und in sehr kleine Würfel schneiden. 1 Eßlöffel Tomatenmark gleichmäßig unter die Sauce béarnaise rühren, dann die Tomatenwürfel unterheben. Paßt gut zu Lammrücken, Fisch, pochierten Eiern.

Sauce paloise

Die Sauce béarnaise zubereiten mit Kerbel, aber ohne Estragon, dafür 1 Bund frische Minze in sehr feine Streifen schneiden und unterheben. Paßt ganz besonders gut zu Lamm in jeder Form.

Im Bild vorne: Rieslingsauce
Im Bild hinten: Sauce béarnaise

Sauerampfersauce

Sie paßt zu pochierten Eiern, zu gegrilltem Lachs oder gekochtem Fleisch.

Zutaten für 4 Personen:
150 g Sauerampfer
Salz · 1 Eßl. Butter
1 Teel. Mehl
1/4 l Milch
weißer Pfeffer, frisch gemahlen
1 Prise Muskatnuß, frisch gerieben
1 Prise Zucker
150 g Sahne

Raffiniert

Pro Portion etwa:
1000 kJ/240 kcal
5 g Eiweiß · 21 g Fett
8 g Kohlenhydrate

- Zubereitungszeit: etwa 30 Minuten

1. Den Sauerampfer waschen. In kochendem Salzwasser ganz kurz blanchieren, eiskalt abschrecken, gut ausdrücken und im Mixer pürieren.

2. Die Butter in einem Topf erhitzen und das Mehl darin hellgelb anschwitzen. Die Milch zugießen, aufkochen und unter Rühren bei milder Hitze cremig einkochen. Mit Salz, Pfeffer, dem Muskat und dem Zucker würzen.

3. Das Sauerampfer-Püree unter die Sauce rühren. Die Sahne steif schlagen und unterziehen. Die Sauce nochmals abschmecken.

Hagebuttensauce süß-sauer

Sie paßt ideal zu Kalbsleber, Wild und Geflügel.

Zutaten für 4 Personen:
1 kleine Zwiebel · 1 Eßl. Butter
5 Eßl. Hagebuttenmus
(oder Hagebuttenkonfitüre)
1/4 l Fleischbrühe (oder
Fond entsprechend dem Gericht)
Salz
schwarzer Pfeffer, frisch gemahlen
2 Eßl. Weißweinessig

Schnell

Pro Portion etwa:
270 kJ/65 kcal
0 g Eiweiß · 3 g Fett
8 g Kohlenhydrate

- Zubereitungszeit: etwa 15 Minuten

1. Die Zwiebel schälen und ganz fein hacken. Die Butter in einer Kasserolle erhitzen und die Zwiebel darin andünsten.

2. Das Hagebuttenmus einrühren, mit der Fleischbrühe aufgießen, aufkochen und etwas einköcheln lassen.

3. Die Sauce mit Salz, Pfeffer und dem Weißweinessig süß-sauer abschmecken.

Tip!
Wer die Zwiebelwürfel nicht in der Sauce mag, kann sie auch pürieren.

Zwiebel-Sahne-Sauce

Sehr fein zu Fisch (zum Beispiel Schollenfilets), aber auch zu Kalbs- oder Schweinemedaillons.

Zutaten für 4 Personen:
250 g Zwiebeln
2 Eßl. Butter
1/4 l Brühe oder Fond
150 g Crème fraîche · Salz
weißer Pfeffer, frisch gemahlen
Muskatnuß, frisch gerieben

Gelingt leicht

Pro Portion etwa:
930 kJ/220 kcal
2 g Eiweiß · 21 g Fett
6 g Kohlenhydrate

- Zubereitungszeit: etwa 30 Minuten

1. Die Zwiebeln schälen und fein hacken. Die Butter in einem breiten Topf erhitzen und die Zwiebeln darin goldgelb andünsten. Mit der Brühe aufgießen und zugedeckt weich dünsten.

2. Die Zwiebeln pürieren. Die Crème fraîche unterrühren, etwa 5 Minuten köcheln und mit Salz, Pfeffer und Muskat abschmecken.

Im Bild vorne: Hagebuttensauce süß-sauer
Im Bild Mitte: Zwiebel-Sahne-Sauce
Im Bild hinten: Sauerampfersauce

Rote Paprikasauce

Warm oder kalt zu gegrilltem Fleisch oder zu Wurst, zu Koteletts oder gedünstetem Karpfen.

Zutaten für 4–6 Personen:
2 Zwiebeln
2 Eßl. Olivenöl
3 rote Paprikaschoten (etwa 400 g)
Salz
schwarzer Pfeffer, frisch gemahlen
1 Messerspitze Cayennepfeffer

Für Ungeübte

Bei 6 Personen pro Portion etwa:
200 kJ/50 kcal
2 g Eiweiß · 3 g Fett
4 g Kohlenhydrate

- Zubereitungszeit: etwa 25 Minuten

1. Die Zwiebeln schälen und fein hacken. Das Olivenöl erhitzen und die Zwiebeln darin weich dünsten.

2. Die Paprikaschoten vierteln, vom Kernhaus befreien und gut ausspülen. In grobe Stücke schneiden und mit 1/4 l Wasser zu den Zwiebeln geben. Weich dünsten.

3. Das Gemüse mit dem Pürierstab oder im Mixer pürieren. Mit Salz, Pfeffer und dem Cayennepfeffer würzen.

Variante:
4 Eßlöffel Kapern unterrühren und die Sauce noch einmal aufkochen.

Broccolisauce

Schön zu gekochtem Fleisch oder zu Getreideplätzchen.

Zutaten für 4 Personen:
Salz
400 g Broccoli
2 Eßl. Crème fraîche
schwarzer Pfeffer, frisch gemahlen
Zitronensaft
1 Eßl. Meerrettich, frisch gerieben

Raffiniert

Pro Portion etwa:
220 kJ/50 kcal
4 g Eiweiß · 3 g Fett
2 g Kohlenhydrate

- Zubereitungszeit: etwa 40 Minuten

1. 1/4 l Salzwasser erhitzen. Den Broccoli putzen, waschen, in Röschen teilen und die Stiele schälen und kleinschneiden. Im heißen Wasser etwa 15 Minuten köcheln lassen, bis er weich ist.

2. Die Crème fraîche unterrühren und mit Salz, Pfeffer und Zitronensaft würzen.

3. Alles pürieren und den Meerrettich einstreuen. Aufkochen und nochmals abschmecken.

Tip!

Sie können einige schöne Broccoliröschen beiseite legen und die Sauce damit garnieren.

Specksauce

Sie schmeckt zu Fleischküchlein, Bratwürsten und Kartoffelauflauf.

Zutaten für 4 Personen:
150 g durchwachsener Speck
in Scheiben
1 Teel. Butter
250 g Zwiebeln
2 Teel. Kümmelkörner
schwarzer Pfeffer, frisch gemahlen
3/8 l Fleischbrühe
(oder Fleischfond)

Gelingt leicht

Pro Portion etwa:
1200 kJ/290 kcal
5 g Eiweiß · 28 g Fett
4 g Kohlenhydrate

- Zubereitungszeit: etwa 30 Minuten

1. Den Speck klein würfeln. Die Butter in einer Pfanne erhitzen und den Speck darin langsam ausbraten.

2. Die Zwiebeln schälen, fein hacken, dazugeben und glasig braten.

3. Den Kümmel darauf streuen, pfeffern und mit der Brühe aufgießen. Die Sauce aufkochen und etwa 10 Minuten köcheln lassen. Nochmals abschmecken.

Im Bild vorne: Specksauce
Im Bild Mitte: Broccolisauce
Im Bild hinten: Rote Paprikasauce

Steinpilzsauce

Zu kurzgebratenem Fleisch, Braten und Hirsebratlingen.

Zutaten für 4 Personen:
50 g getrocknete Steinpilze
3/8 l Wasser
4 kleinere Zwiebeln
2 Eßl. Butter
3 Eßl. Crème fraîche
Salz
schwarzer Pfeffer, frisch gemahlen
Muskatnuß, frisch gerieben
1 Bund Schnittlauch

Exklusiv

Pro Portion etwa:
670 kJ/160 kcal
4 g Eiweiß · 11 g Fett
11 g Kohlenhydrate

- Zubereitungszeit: etwa 45 Minuten (davon 30 Minuten Quellzeit)

1. Die Steinpilze mit kochendem Wasser überbrühen und zugedeckt etwa 30 Minuten stehenlassen.

2. Die Zwiebeln schälen und fein hacken. Die Butter erhitzen und die Zwiebeln darin weich dünsten, öfter umrühren.

3. Die Pilze abgießen, dabei das Einweichwasser durch einen Kaffeefilter zu den Zwiebeln gießen. Die Pilze kleinschneiden, zu den Zwiebeln geben. Die Crème fraîche unterrühren. Mit Salz, Pfeffer und etwas Muskat kräftig abschmecken, etwa 10 Minuten köcheln lassen.

4. Den Schnittlauch waschen, in Röllchen schneiden und unter die Steinpilzsauce rühren.

Morchel-Sahne-Sauce

Am allerbesten paßt sie zu einem saftigen Filetsteak. Morcheln gehören zu den kostbarsten Speisepilzen. Sie haben von Ende März bis Mitte Mai, je nach Wetter, Saison und werden in der Türkei, Italien, Frankreich und der Schweiz geerntet. Bei uns werden sie fast nur in Dosen oder getrocknet angeboten. Getrocknet intensiviert sich ihr köstliches Aroma.

Zutaten für 4 Personen:
25 g getrocknete Spitzmorcheln
1 Eßl. Butter
4 cl Irischer Whiskey
200 g Crème fraîche
Salz
weißer Pfeffer, frisch gemahlen

Etwas teurer

Pro Portion etwa:
1000 kJ/240 kcal
2 g Eiweiß · 23 g Fett
3 g Kohlenhydrate

- Zubereitungszeit: etwa 45 Minuten (davon 30 Minuten Quellzeit)

1. Die Morcheln in eine Schüssel geben und mit 1/4 l kochendem Wasser überbrühen. Etwa 30 Minuten quellen lassen.

2. Das Einweichwasser der Pilze durch einen Kaffeefilter gießen, damit alle Sandkörner, die an den Pilzen haften, zurückbleiben. Den Sud dabei auffangen.

3. Die Pilze unter fließendem Wasser gut abspülen. Kleine Exemplare ganz lassen, große halbieren, dabei falls nötig, die Stiele abschneiden. Die Butter erhitzen, die Pilze darin kräftig anbraten. Das Pilzwasser dazugießen und um etwa ein Drittel einkochen lassen.

4. Den Whiskey hinzufügen und die Crème fraîche unterrühren. Die Sauce cremig einkochen lassen und mit Salz und Pfeffer abschmecken.

Currysauce mit Mandeln

Zu Hühnerbrüstchen, Kalbsfilet oder Fischgeschnetzeltem.

Zutaten für 4 Personen:
2 Schalotten
1 Eßl. Butterschmalz
100 g geschälte Mandeln
2 Eßl. Rosinen
1 Teel. Currypulver · Salz
weißer Pfeffer, frisch gemahlen
1 Messerspitze gemahlener Kreuzkümmel
1/8 l Weißwein · 1/4 l Brühe
150 g Crème fraîche
Zitronensaft

Für Gäste

Pro Portion etwa:
1600 kJ/380 kcal
6 g Eiweiß · 32 g Fett
10 g Kohlenhydrate

- Zubereitungszeit: etwa 15 Minuten

1. Die Schalotten schälen und fein hacken. Das Butterschmalz erhitzen und die Schalotten darin weich dünsten.

2. Die Mandeln und die Rosinen hinzufügen. Das Currypulver unterrühren und mit Salz, Pfeffer und dem Kreuzkümmel würzen.

3. Mit dem Weißwein ablöschen. Die Brühe und die Crème fraîche unterschlagen. Alles etwa 5 Minuten köcheln lassen, bis die Sauce cremig geworden ist. Mit Zitronensaft abschmecken.

Bierschaumsauce

Diese Sauce paßt zu gedünstetem Süßwasserfisch, aber auch zu kurzgebratenem Fleisch oder Bratwürsten. Auch zu Gemüse.

Zutaten für 4–6 Personen:
4 Eigelb · Salz
3/8 l dunkles Bier
schwarzer Pfeffer, frisch gemahlen
Cayennepfeffer
Zitronensaft

Raffiniert

Bei 6 Personen pro Portion etwa:
350 kJ/90 kcal
3 g Eiweiß · 4 g Fett
0 g Kohlenhydrate

- Zubereitungszeit: etwa 10 Minuten

1. Die Eigelbe mit etwas Salz verrühren, dann mit den Schneebesen des Handrührgerätes zu einer hellgelben, schaumigen Masse schlagen.

2. Diese am besten in ein Porzellangefäß füllen und in ein heißes Wasserbad stellen. Das dunkle Bier in dünnem Strahl dazufließen lassen, dabei ständig weiterrühren, bis eine dickcremige goldgelbe Sauce entstanden ist. Das Wasserbad muß leise sieden, darf aber nicht kochen, da das Eigelb sonst gerinnt.

3. Die Bierschaumsauce mit Salz, Pfeffer, einem Hauch Cayennepfeffer und etwas Zitronensaft abschmecken.

Petersiliensauce

Ideal zu Fisch, aber auch zu Gemüse und Fleisch.

Zutaten für 4 Personen:
3 Schalotten · 2 Eßl. Butter
200 g Petersilienwurzel
3 Bund glatte Petersilie
1/4 l Brühe
125 g Sahne · Salz
weißer Pfeffer, frisch gemahlen
1 Schuß trockener Weißwein

Gelingt leicht

Pro Portion etwa:
750 kJ/180 kcal
3 g Eiweiß · 16 g Fett
5 g Kohlenhydrate

- Zubereitungszeit: etwa 20 Minuten

1. Die Schalotten schälen und fein hacken. Die Butter in einem Topf erhitzen und die Schalotten darin andünsten.

2. Die Petersilienwurzel abbürsten, klein würfeln und mitdünsten. Die Petersilie waschen, die Blätter abzupfen und dazugeben. Mit der Brühe aufgießen.

3. Die Sahne unterrühren, alles weich köcheln, pürieren und einkochen lassen. Mit Salz, Pfeffer und dem Weißwein abschmecken.

Im Bild vorne: Petersiliensauce
Im Bild Mitte: Bierschaumsauce
Im Bild hinten: Currysauce mit Mandeln

Apfel-Zwiebel-Sauce

Köstlich zu gebratener Leber oder groben Bratwürsten.

Zutaten für 4 Personen:
3 mittelgroße, süßliche Äpfel
(Boskop, Goldparmäne, Delicius)
200 g Zwiebeln
2 Eßl. Butter · Salz
schwarzer Pfeffer, frisch gemahlen
1/2 Teel. Majoran
125 g Sahne
1/4 l Fleischbrühe

Raffiniert

Pro Portion etwa:
950 kJ/230 kcal
2 g Eiweiß · 17 g Fett
17 g Kohlenhydrate

- Zubereitungszeit: etwa 45 Minuten

1. Die Äpfel schälen, vierteln, vom Kernhaus befreien und in Scheiben schneiden (am besten mit dem Gurkenhobel). Die Zwiebeln schälen und grob hacken.

2. Die Butter in einer Pfanne erhitzen und die Äpfel und die Zwiebeln darin andünsten. Mit Salz, Pfeffer und dem Majoran würzen. Die Sahne und die Fleischbrühe zugießen und alles zugedeckt etwa 15 Minuten köcheln lassen.

3. Die Masse im Topf mit dem Pürierstab fein zerkleinern. Dicklich einkochen lassen und vor dem Servieren nochmals abschmecken.

Dillsauce

Zu Tellerfleisch, Rinderzunge oder gedünstetem Fisch.

Zutaten für 4 Personen:
1 Zwiebel · 1 Eßl. Butter
1 Teel. Mehl
1/4 l Milch
200 g Sahne
1 Lorbeerblatt · Salz
weißer Pfeffer, frisch gemahlen
2 Bund Dill · Worcestersauce
Zitronensaft

Gelingt leicht

Pro Portion etwa:
980 kJ/245 kcal
4 g Eiweiß · 21 g Fett
7 g Kohlenhydrate

- Zubereitungszeit: etwa 30 Minuten

1. Die Zwiebel schälen und fein hacken. Die Butter erhitzen und die Zwiebel darin glasig dünsten.

2. Das Mehl darüber stäuben und unter Rühren hellgelb anschwitzen. Die Milch und die Sahne hineinrühren. Das Lorbeerblatt hinzufügen, salzen und pfeffern.

3. Die Sauce bei ganz schwacher Hitze unter Rühren etwa 20 Minuten köcheln lassen.

4. Den Dill waschen, trockenschütteln und fein hacken. Die Sauce durch ein Haarsieb gießen und den Dill unterrühren. Mit Salz, Pfeffer, ein paar Tropfen Worcestersauce und Zitronensaft abschmecken.

Cassis-Sauce

Paßt gut zu Wild, Wildgeflügel und gekochtem Rindfleisch.

Zutaten für 4 Personen:
2 Schalotten · 1 Eßl. Butter
4 cl Cassislikör
3/8 l schwarzer Johannisbeersaft
125 g eiskalte Butter
2 Eßl. Zitronensaft · Salz
schwarzer Pfeffer, frisch gemahlen

Exklusiv

Pro Portion etwa:
1400 kJ/330 kcal
1 g Eiweiß · 29 g Fett
17 g Kohlenhydrate

- Zubereitungszeit: etwa 20 Minuten

1. Die Schalotten schälen und fein hacken. Die Butter erhitzen und die Schalotten darin weichdünsten.

2. Den Likör und den Saft dazurühren und die Flüssigkeit bei mittlerer Hitze um etwa die Hälfte einkochen lassen. Vom Herd nehmen.

3. Die Butter in Flöckchen schneiden und mit dem Schneebesen unterschlagen, bis die Sauce dicklich wird. Mit dem Zitronensaft, Salz und Pfeffer abschmecken.

Bild oben: Dillsauce (links) und Apfel-Zwiebel-Sauce (rechts)
Bild unten: Cassis-Sauce

Safransauce

Besonders fein und edel zu Fisch, aber auch zu Geflügel oder Kalbfleisch.

Zutaten für 4 Personen:
2 Schalotten
1 Eßl. Butter
1 Döschen Safran
1/8 l trockener Weißwein
1/4 l heller Kalbsfond (selbstgemacht oder aus dem Glas)
200 g Sahne · Salz
weißer Pfeffer, frisch gemahlen
Zitronensaft

Etwas teurer

Pro Portion etwa:
920 kJ/220 kcal
2 g Eiweiß · 19 g Fett
4 g Kohlenhydrate

- Zubereitungszeit: etwa 25 Minuten

1. Die Schalotten schälen und sehr fein hacken.

2. Die Butter in einer Kasserolle schmelzen und die Schalotten darin bei mittlerer Hitze weich dünsten. Mit dem Safran bestreuen.

3. Den Weißwein dazurühren und bei mittlerer Hitze um etwa die Hälfte einkochen lassen (reduzieren). Den Kalbsfond und die Hälfte der Sahne dazugießen und aufkochen, etwa 2 Minuten im offenen Topf köcheln lassen. Dann die Sauce mit Salz und Pfeffer dezent würzen und mit Zitronensaft abschmecken.

4. Die restliche Sahne steif schlagen und kurz vor dem Servieren unterheben.

Sherryschaum

Paßt zu gekochtem Fisch, zartem Hühnerfleisch, Steaks und Gemüse.

Zutaten für 4 Personen:
3 Eigelb
Salz
1/8 l trockener Sherry (Fino)
1/4 l Brühe oder Fond
weißer Pfeffer, frisch gemahlen
Zitronensaft

Spezialität

Pro Portion etwa:
420 kJ/100 kcal
2 g Eiweiß · 5 g Fett
5 g Kohlenhydrate

- Zubereitungszeit: etwa 10 Minuten

1. Die Eigelbe mit 1 Prise Salz in einer Metallschüssel verrühren, dann mit den Schneebesen des Handrührgeräts aufschlagen.

2. Die Schüssel in ein heißes Wasserbad stellen. Den Sherry und die Brühe unter ständigem Rühren langsam zu den Eigelben fließen lassen. Weiterrühren, bis eine dickcremige Sauce entstanden ist.

3. Den Sherryschaum mit Salz, Pfeffer und Zitronensaft abschmecken.

Kresseschaum

Zu gedünstetem Lachs, Kalbsleber oder -bries und zu Fischklößchen.

Zutaten für 4 Personen:
2 Schalotten
1 Eßl. Butter
2 Kästchen Kresse
150 g Crème fraîche
1/8 l Brühe
Salz
weißer Pfeffer, frisch gemahlen
Zitronensaft

Raffiniert

Pro Portion etwa:
740 kJ/180 kcal
1 g Eiweiß · 18 g Fett
2 g Kohlenhydrate

- Zubereitungszeit: etwa 20 Minuten

1. Die Schalotten schälen und fein hacken. Die Butter erhitzen und die Schalotten darin weich dünsten.

2. Die Kresse abspülen und in den Topf schneiden, kurz mitdünsten. Die Brühe und die Crème fraîche hinzufügen. Aufkochen und alles im Mixer fein zerkleinern.

3. Die Sauce wieder erhitzen und mit Salz, Pfeffer und Zitronensaft abschmecken.

Im Bild vorne: Safransauce
Im Bild Mitte: Sherryschaum
Im Bild hinten: Kresseschaum

Olivensauce

Sie schmeckt auch gut zu Fleisch, warm oder kalt serviert.

Zutaten für 4 Personen:
2 Knoblauchzehen
2 große Fleischtomaten (etwa 400 g)
150 g grüne entsteinte Oliven
1 Eßl. Olivenöl · 2 Teel. Mehl
1/8 l trockener Weißwein (oder Fleischbrühe)
1/8 l Fleischbrühe (oder Fond)
1 Bund glatte Petersilie · Salz
schwarzer Pfeffer, frisch gemahlen
1 Messerspitze Cayennepfeffer

Gelingt leicht

Pro Portion etwa:
430 kJ/100 kcal
2 g Eiweiß · 5 g Fett
6 g Kohlenhydrate

- Zubereitungszeit: etwa 25 Minuten

1. Den Knoblauch schälen und hacken. Die Tomaten überbrühen, häuten, entkernen und klein würfeln. Die Oliven fein hacken.

2. Das Öl in einer Pfanne erhitzen und den Knoblauch darin andünsten. Das Mehl darüber stäuben und anschwitzen. Mit dem Wein und der Brühe ablöschen. Die Oliven und die Tomaten dazufügen und alles etwa 8 Minuten köcheln.

3. Die Petersilie waschen und trockenschütteln. Die Blätter abzupfen, fein hacken und unter die Sauce mischen. Mit Salz, Pfeffer und dem Cayennepfeffer abschmecken.

Erbsensauce mit Salami

Wenn Sie die Sauce mit einer entsprechenden Menge Brühe aufgießen, schmeckt sie auch als Suppe.

Zutaten für 4 Personen:
1 Zwiebel · 1 Eßl. Butter
knapp 1/4 l Fleischbrühe (oder Fond)
500 g tiefgekühlte Erbsen
150 g Crème fraîche · Salz
weißer Pfeffer, frisch gemahlen
Muskatnuß, frisch gerieben
150 g Salami am Stück

Für Ungeübte

Pro Portion etwa:
1900 kJ/430 kcal
15 g Eiweiß · 38 g Fett
16 g Kohlenhydrate

- Zubereitungszeit: etwa 30 Minuten

1. Die Zwiebel schälen und fein hacken. Die Butter erhitzen und die Zwiebel darin weich dünsten. Die Fleischbrühe zugießen und aufkochen. Die Erbsen einstreuen und alles etwa 15 Minuten köcheln.

2. Die Erbsen im Mixer oder mit dem Pürierstab pürieren. Die Crème fraîche unterrühren. Mit Salz, Pfeffer und Muskat abschmecken.

3. Die Salami in winzige Würfel schneiden und in der Sauce bei schwacher Hitze erwärmen.

Parmesan-Salbei-Sauce

Zutaten für 4 Personen:
2 Eßl. Butter
1 Handvoll frische Salbeiblätter
1/4 l Gemüsebrühe
150 g Mascarpone
80 g Parmesan, frisch gerieben

Schnell

Pro Portion etwa:
1100 kJ/260 kcal
11 g Eiweiß · 23 g Fett
0 g Kohlenhydrate

- Zubereitungszeit: etwa 10 Minuten

1. Die Butter in einem Topf erhitzen. Die Salbeiblätter abspülen, trockenschütteln und in der Butter anbraten.

2. Die Brühe zugießen. Den Mascarpone und den Parmesan einrühren und bei schwacher Hitze rühren, bis sich der Käse aufgelöst hat.

Variante:
Zusätzlich noch 200 g kleingewürfelten gekochten Schinken in die Sauce geben.

Im Bild vorne:
Erbsensauce mit Salami
Im Bild Mitte: Olivensauce
Im Bild hinten:
Parmesan-Salbei-Sauce

Tomatensauce

Zutaten für 4 Personen:
1 Möhre
1 Stangensellerie
1 Zwiebel
2 Knoblauchzehen
1 Eßl. Olivenöl
1 kg Fleischtomaten
1 Lorbeerblatt
1 Teel. Oregano
Salz
schwarzer Pfeffer, frisch gemahlen

Braucht etwas Zeit

Pro Portion etwa:
330 kJ/80 kcal
4 g Eiweiß · 3 g Fett
10 g Kohlenhydrate

- Zubereitungszeit: etwa 1 1/4 Stunden

1. Die Möhre schälen, waschen und auf der Gemüsereibe grob raspeln. Den Sellerie waschen, abtropfen lassen und in feine Scheiben schneiden. Die Zwiebel und den Knoblauch schälen und fein hacken.

2. Das Olivenöl in einem Topf erhitzen. Das Gemüse darin unter Rühren in etwa 15 Minuten weich dünsten.

3. Die Tomaten überbrühen, häuten, entkernen, grob hakken und hinzufügen. Das Lorbeerblatt und den Oregano dazugeben, salzen und pfeffern. Die Sauce zugedeckt bei schwacher Hitze etwa 45 Minuten köcheln lassen.

4. Zum Schluß das Lorbeerblatt herausnehmen und die Tomatensauce mit Salz und Pfeffer abschmecken.

Sauce bolognese

Zutaten für 4 Personen:
25 g getrocknete Steinpilze
1 große Zwiebel
100 g durchwachsener Speck
in Scheiben
2 kleine Lauchstangen
250 g gemischtes Hackfleisch
500 g Fleischtomaten
1/4 l trockener Rotwein
1 Zweig Thymian, frisch gehackt
1 Teel. Oregano
(frisch oder getrocknet)
Salz
schwarzer Pfeffer, frisch gemahlen

Braucht etwas Zeit
Spezialität aus Italien

Pro Portion etwa:
1800 kJ/430 kcal
18 g Eiweiß · 29 g Fett
10 g Kohlenhydrate

- Zubereitungszeit: etwa 1 1/2 Stunden (davon 30 Minuten Quellzeit)

1. Die Steinpilze mit 1/4 l kochendem Wasser übergießen und etwa 30 Minuten ziehen lassen. Anschließend die Pilze herausnehmen und grob hacken. Das Einweichwasser durch einen Kaffeefilter gießen und auffangen.

2. Die Zwiebel schälen und fein hacken. Den Speck so klein wie möglich würfeln. Die Zwiebel und den Speck in einem breiten Topf etwa 5 Minuten dünsten. Den Lauch putzen, waschen, in feine Ringe schneiden und in den Topf geben.

3. Das Hackfleisch hinzufügen und bei mittlerer Hitze krümelig braten.

4. Inzwischen die Tomaten überbrühen, häuten, entkernen, hacken und mit dem Rotwein zum Hackfleisch geben. Die Steinpilze samt Einweichwasser dazufügen. Mit dem Thymian, dem Oregano, Salz und Pfeffer kräftig würzen und zugedeckt etwa 45 Minuten köcheln. Die Sauce vor dem Servieren nochmals abschmecken.

Schinkensauce mit Lauch

Zutaten für 4 Personen:
2 dünne Lauchstangen (etwa 150 g)
1 Eßl. Butter
200 g gekochter Schinken
100 g Frischkäse
1/4 l Fleischbrühe · Salz
weißer Pfeffer, frisch gemahlen
1 Teel. Oregano
(frisch oder getrocknet)
1 Teel. Aceto Balsamico
(Balsamessig)

Gelingt leicht

Pro Portion etwa:
780 kJ/190 kcal
13 g Eiweiß · 14 g Fett
3 g Kohlenhydrate

- Zubereitungszeit: etwa 30 Minuten

1. Den Lauch putzen, waschen und in feine Ringe schneiden. Ein Drittel der grünen Ringe beiseite legen. In einer Kasserolle die Butter erhitzen und den restlichen Lauch darin andünsten.

2. Den Schinken vom Fettrand befreien, klein würfeln und hinzufügen.

3. Den Frischkäse und die Brühe unterrühren und köcheln, bis sich der Käse aufgelöst hat.

4. Die Sauce pürieren, wieder erhitzen und mit Salz, Pfeffer, dem Oregano und dem Aceto Balsamico kräftig würzen. Den restlichen Lauch unter die Sauce heben.

Austernpilz-Gorgonzola-Sauce

Zutaten für 4 Personen:
300 g Austernpilze
1 Eßl. Butter
Salz
weißer Pfeffer, frisch gemahlen
250 g Sahne
100 ccm Fleischbrühe
250 g Gorgonzola

Raffiniert
Etwas teurer

Pro Portion etwa:
2000 kJ/480 kcal
15 g Eiweiß · 43 g Fett
3 g Kohlenhydrate

- Zubereitungszeit: etwa 20 Minuten

1. Die Austernpilze waschen, putzen und in schmale Streifen schneiden. Die Butter in einer Kasserolle erhitzen und die Pilze darin anbraten. Mit Salz und Pfeffer würzen.

2. Die Sahne und die Fleischbrühe zu den Pilzen gießen und alles bei mittlerer Hitze köcheln lassen.

3. Den Gorgonzola in Stücke schneiden und mit einer Gabel ganz fein zerdrücken. In die Sauce rühren und bei schwacher Hitze köcheln lassen, bis die Sauce sämig ist. Dabei immer wieder durchrühren.

4. Die Sauce, falls nötig, nochmals mit Salz und Pfeffer abschmecken.

Bratwurstsauce

Zutaten für 4 Personen:
400 g frische Schweinsbratwürste
(oder Schweinemett)
1 Eßl. Öl · 1 Zwiebel
3 Eßl. Tomatenmark
200 ccm trockener Rotwein
1 Teel. Anissamen
1 Teel. Korianderkörner · Salz
schwarzer Pfeffer, frisch gemahlen
1 Bund Schnittlauch in Röllchen

Raffiniert

Pro Portion etwa:
1700 kJ/400 kcal
13 g Eiweiß · 34 g Fett
2 g Kohlenhydrate

- Zubereitungszeit: etwa 35 Minuten

1. Die Würste aus der Haut drücken und zerpflücken. Das Öl erhitzen und das Brät darin anbraten. Die Zwiebeln fein hacken und einige Minuten bei mittlerer Hitze mitdünsten. Das Tomatenmark unterrühren, kurz mitschmoren.

2. Mit dem Wein ablöschen. Die Anissamen und den Koriander fein zerstoßen, unterrühren und die Sauce etwa 10 Minuten köcheln. Mit Salz und Pfeffer abschmecken. Den Schnittlauch unterheben.

Im Bild vorne:
Schinkensauce mit Lauch
Im Bild Mitte:
Austernpilz-Gorgonzola-Sauce
Im Bild hinten: Bratwurstsauce

Muschelsauce

Zutaten für 4 Personen:
800 g frische Venusmuscheln
(oder 2 Gläser à 180 g)
2 Schalotten · 2 Eßl. Olivenöl
2 Knoblauchzehen
1 mittelgroße Möhre
2 Stangensellerie · Salz
weißer Pfeffer, frisch gemahlen
Saft von 1 Zitrone · 1/4 l Fischfond
1 Bund Petersilie, frisch gehackt

Raffiniert

Pro Portion etwa:
450 kJ/110 kcal
10 g Eiweiß · 6 g Fett
4 g Kohlenhydrate

- Zubereitungszeit: 30–40 Minuten

1. Frische Muscheln unter fließendem Wasser abbürsten, offene wegwerfen. Die Muscheln in einem großen Topf mit etwas Wasser etwa 5 Minuten garen. Die Muscheln aus der Schale lösen (geschlossene wegwerfen). Muscheln aus dem Glas abtropfen lassen.

2. Die Schalotten schälen und hacken. Das Öl in einer großen Pfanne erhitzen und die Schalotten weich dünsten. Den Knoblauch dazupressen.

3. Die Möhre schälen und raspeln. Mit den Schalotten bei mittlerer Hitze etwa 3 Minuten dünsten. Den Sellerie waschen, in sehr feine Scheiben schneiden und dazugeben. Salzen, pfeffern, den Zitronensaft und den Fond dazugießen, alles etwa 5 Minuten garen.

4. Die Sauce abschmecken, die Muscheln unterheben und kurz erwärmen. Mit der Petersilie bestreuen.

Kerbelsauce mit Krabben

Zutaten für 4 Personen:
4 Schalotten
1 Eßl. Butter
375 g Sahne
1 Handvoll Kerbel
100 g ausgelöste, gegarte Krabben
Salz
weißer Pfeffer, frisch gemahlen
Zitronensaft
Worcestersauce

Exklusiv

Pro Portion etwa:
1500 kJ/360 kcal
8 g Eiweiß · 33 g Fett
6 g Kohlenhydrate

- Zubereitungszeit: etwa 25 Minuten

1. Die Schalotten schälen und fein hacken. Die Butter in einem Topf erhitzen und die Schalotten darin weich dünsten. Die Sahne zugießen und alles etwa 15 Minuten köcheln.

2. Inzwischen den Kerbel verlesen, dabei die Stengel abknipsen. Die Blättchen waschen und abtropfen lassen.

3. Die Krabben in der Sauce kurz erwärmen. Mit Salz, Pfeffer, Zitronensaft und Worcestersauce abschmecken. Den Kerbel darüber streuen.

Lachssauce

Zutaten für 4 Personen:
2 Schalotten
1 Eßl. Butter
375 g Sahne
Salz
weißer Pfeffer, frisch gemahlen
Zitronensaft
400 g frisches Lachsfilet
1 Handvoll Kerbelblättchen

Exklusiv

Pro Portion etwa:
2200 kJ/520 kcal
22 g Eiweiß · 46 g Fett
5 g Kohlenhydrate

- Zubereitungszeit: etwa 25 Minuten

1. Die Schalotten schälen und fein hacken. Die Butter erhitzen und die Schalotten darin weich dünsten.

2. Mit der Sahne aufgießen und im offenen Topf bei schwacher Hitze um etwa ein Drittel einkochen. Mit Salz, Pfeffer und Zitronensaft abschmecken.

3. Den Lachs häuten und klein würfeln. Mit Zitronensaft beträufeln und salzen. Den Kerbel waschen und gut abtropfen lassen. Mit dem Lachs in die Sauce geben.

Im Bild vorne: Kerbelsauce mit Krabben
Im Bild Mitte: Muschelsauce
Im Bild hinten: Lachssauce

Rucolasauce

Schmeckt auch zu Fleisch, Fisch, Nudeln oder gekochten Kartoffeln – warm oder kalt.

Zutaten für 4 Personen:
Salz · 200 g Rucola
1 Zwiebel · 1 Eßl. Butter
1 Knoblauchzehe
1/4 l Gemüsebrühe
5 Eßl. Crème fraîche
3 Eßl. gerösteter Sesam · Salz
schwarzer Pfeffer, frisch gemahlen
Muskatnuß, frisch gerieben

Etwas teurer

Pro Portion etwa:
740 kJ/180 kcal
4 g Eiweiß · 16 g Fett
3 g Kohlenhydrate

- Zubereitungszeit: etwa 25 Minuten

1. In einem breiten Topf reichlich Salzwasser zum Kochen bringen. Die Rucola waschen und im kochenden Wasser etwa 1 Minute blanchieren. Eiskalt abschrecken, abtropfen lassen und gut ausdrücken.

2. Die Zwiebel schälen und fein hacken. Die Butter in einem mittelgroßen Topf erhitzen und die Zwiebel darin weich dünsten. Den Knoblauch dazudrücken.

3. Die Rucola hinzufügen und kurz mitdünsten. Die Gemüsebrühe, die Crème fraîche und den Sesam unterrühren und alles einmal aufkochen. Im Mixer pürieren und mit Salz, Pfeffer und Muskat würzen.

Schwarze Olivensauce mit Knoblauch

Zutaten für 4 Personen:
1 Eßl. Olivenöl
3 Knoblauchzehen
200 g schwarze, entsteinte Oliven
Salz
schwarzer Pfeffer, frisch gemahlen
1 Teel. frischer Thymian
(oder 1/2 Teel. getrockneter)
Zitronensaft

Läßt sich gut vorbereiten

Pro Portion etwa:
810 kJ/190 kcal
1 g Eiweiß · 20 g Fett
3 g Kohlenhydrate

- Zubereitungszeit: etwa 1 1/4 Stunden (davon 1 Stunde Kühlzeit)

1. Das Olivenöl in einem Topf erhitzen. Den Knoblauch dazudrücken und goldgelb dünsten.

2. Die Oliven grob hacken und hinzufügen. Heiß werden lassen, dann die Mischung im Mixer oder mit dem Pürierstab fein zerkleinern.

3. Die Sauce mit Salz, Pfeffer, dem Thymian und Zitronensaft abschmecken und abkühlen lassen.

Tip!

Die Sauce hält sich in einem Schraubglas, von einer Ölschicht bedeckt, bis zu 4 Wochen.

Käsesauce mit Brandy

Eine kalte Sauce, die auch prima zu gegrilltem Fleisch oder »baked potatoes« paßt.

Zutaten für 4 Personen:
200 g Schafkäse · 100 g Sahne
3 Eßl. Brandy de Jerez
(oder Cognac)
Salz
weißer Pfeffer, frisch gemahlen
Cayennepfeffer
1 Bund glatte Petersilie

Raffiniert

Pro Portion etwa:
940 kJ/220 kcal
8 g Eiweiß · 19 g Fett
1 g Kohlenhydrate

- Zubereitungszeit: etwa 10 Minuten

1. Den Käse mit einer Gabel gut zerdrücken und mit der Sahne und dem Brandy sorgfältig glattrühren.

2. Mit Salz, Pfeffer und etwas Cayennepfeffer abschmecken.

3. Die Petersilie waschen und trockenschütteln. Die Blättchen fein hacken. Erst kurz vor dem Servieren unter die Käsesauce rühren.

Im Bild vorne: Käsesauce mit Brandy
Im Bild Mitte:
Schwarze Olivensauce mit Knoblauch
Im Bild hinten: Rucolasauce

Mango-Senf-Sauce

Diese erfrischende, fruchtige Sauce paßt auch gut zu kaltem Braten oder Geflügel.

Zutaten für 4–6 Personen:
2 kleinere reife Mangos
1/8 l Weißwein
3 Eßl. süßer Senf · Salz
schwarzer Pfeffer, frisch gemahlen
1 Messerspitze Cayennepfeffer

Raffiniert

Bei 6 Personen pro Portion etwa:
380 kJ/90 kcal
1 g Eiweiß · 1 g Fett
15 g Kohlenhydrate

- Zubereitungszeit: etwa 30 Minuten

1. Die Mangos schälen, das Fruchtfleisch vom Kern schneiden und würfeln. Mit dem Wein in einen Topf geben und bei schwacher Hitze etwa 10 Minuten dünsten.

2. Abkühlen lassen, dann mit dem Pürierstab zerkleinern.

3. Den Senf unter das Mangopüree mischen und alles mit Salz, Pfeffer und dem Cayennepfeffer abschmecken.

Tip!

Wenn Sie die Sauce mit anderen Saucen zum Fondue planen, reicht die Hälfte der Zutaten.

Weiße Bohnensauce

Zutaten für 4 Personen:
250 g gekochte weiße Bohnen (aus dem Glas)
2 Eßl. Olivenöl
3 Knoblauchzehen
1 große Fleischtomate · Salz
weißer Pfeffer, frisch gemahlen
Cayennepfeffer · Tabascosauce
2 Stengel Petersilie

Schnell

Pro Portion etwa:
700 kJ/170 kcal
10 g Eiweiß · 5 g Fett
21 g Kohlenhydrate

- Zubereitungszeit: etwa 15 Minuten

1. Die Bohnen in ein Sieb geben und gut abtropfen lassen.

2. Das Olivenöl in einer Pfanne erhitzen. Den Knoblauch dazudrücken. Goldgelb andünsten und abkühlen lassen.

3. Die Tomate überbrühen, häuten, entkernen und grob hacken. Mit den Bohnen im Mixer pürieren. Den Knoblauch mit dem Öl untermischen.

4. Das Bohnenpüree in eine Schüssel geben. Mit Salz, Pfeffer, Cayennepfeffer und Tabasco kräftig abschmecken.

5. Die Petersilie waschen, trockenschütteln, fein hacken und vor dem Servieren über die Bohnensauce streuen.

Erdnuß-Bananen-Sauce

Die Sauce sollten Sie erst kurz vor dem Servieren zubereiten, sie wird sonst braun.

Zutaten für 4 Personen:
3 Bananen
4 Eßl. Zitronensaft
4 Eßl. Currypulver
2 Eßl. Joghurt
3 Eßl. gesalzene Erdnußkerne
Salz
schwarzer Pfeffer, frisch gemahlen
Cayennepfeffer

Schnell

Pro Portion etwa:
600 kJ/140 kcal
4 g Eiweiß · 5 g Fett
22 g Kohlenhydrate

- Zubereitungszeit: etwa 10 Minuten

1. Die Bananen fein zerdrükken und sofort mit dem Zitronensaft beträufeln. Den Curry und den Joghurt unterrühren.

2. Die Erdnüsse im Blitzhacker oder mit einem Messer grob zerkleinern und unter die Bananen rühren. Mit Salz, Pfeffer und Cayennepfeffer abschmecken.

Im Bild vorne: Erdnuß-Bananen-Sauce
Im Bild Mitte: Mango-Senf-Sauce
Im Bild hinten: Weiße Bohnensauce

Barbecuesauce

Zutaten für 4 Personen:
1 große Zwiebel
2 Eßl. Olivenöl
2 Knoblauchzehen
300 g Fleischtomaten
1 rote Paprikaschote · Salz
schwarzer Pfeffer, frisch gemahlen
1 Teel. Paprikapulver, edelsüß
1 Prise Cayennepfeffer
1 Teel. abgeriebene Schale von
1 unbehandelten Zitrone
1 Eßl. Essig
1–2 Eßl. Honig nach Geschmack

Berühmtes Rezept

Pro Portion etwa:
330 kJ/80 kcal
2 g Eiweiß · 4 g Fett
8 g Kohlenhydrate

- Zubereitungszeit: etwa 45 Minuten

1. Die Zwiebel fein hacken. Das Öl in einem Topf erhitzen und die Zwiebel darin weich dünsten. Den Knoblauch schälen und dazupressen.

2. Die Tomaten überbrühen, häuten, entkernen und grob hacken. Mit der Zwiebel bei mittlerer Hitze dünsten.

3. Die Paprikaschote putzen, waschen und in Streifen schneiden. Mit den Tomaten andünsten.

4. Mit Salz, Pfeffer, dem Paprika, dem Cayennepfeffer und der Zitronenschale würzen. Etwa 10 Minuten köcheln, dann pürieren.

5. Die Sauce mit dem Essig und eventuell dem Honig würzen und dick einkochen lassen. Warm oder kalt servieren.

Sonnenblumen-Knoblauch-Sauce

Sie paßt auch zu kaltem Braten, Nudeln und gegrilltem Fisch oder Fleisch.

Zutaten für 4–6 Personen:
2 Scheiben Toastbrot · 1/4 l Milch
100 g Sonnenblumenkerne
3 Knoblauchzehen · 125 g Sahne
1 Bund glatte Petersilie · Salz
weißer Pfeffer, frisch gemahlen
Zitronensaft

Läßt sich gut vorbereiten

Bei 6 Personen pro Portion etwa:
850 kJ/205 kcal
3 g Eiweiß · 17 g Fett
7 g Kohlenhydrate

- Zubereitungszeit: etwa 25 Minuten

1. Das Brot entrinden, in einen tiefen Teller legen, mit der Milch übergießen und einweichen.

2. Das Brot mit der Milch, den Sonnenblumenkernen und dem Knoblauch im Mixer cremig mixen. Die Sahne unterrühren.

3. Die Petersilie fein hacken. Unter die Sauce mischen. Etwa 10 Minuten ziehen lassen. Mit Salz, Pfeffer und Zitronensaft würzen.

Schafkäsesauce

Zutaten für 4 Personen:
1 Bund Frühlingszwiebeln
2–3 eingelegte rote Paprikaschoten
2 Eßl. Olivenöl
1/8 l trockener Weißwein
300 g Schafkäse · Salz
weißer Pfeffer, frisch gemahlen
1 Teel. Oregano

Etwas teurer

Pro Portion etwa:
1290 kJ/300 kcal
11 g Eiweiß · 20 g Fett
4 g Kohlenhydrate

- Zubereitungszeit: etwa 30 Minuten

1. Die Frühlingszwiebeln waschen, putzen und in schmale Ringe schneiden. Die Paprikaschoten abtropfen lassen und in Streifen schneiden.

2. Das Olivenöl in einem Topf erhitzen. Die Frühlingszwiebeln und die Paprika zugeben und unter Rühren 3–5 Minuten dünsten. Mit dem Wein ablöschen und aufkochen.

3. Den Käse in die Sauce bröckeln und leicht schmelzen lassen. Die Sauce pürieren und einkochen lassen. Mit wenig Salz, Pfeffer und dem Oregano abschmecken.

Im Bild vorne: Barbecuesauce
Im Bild Mitte: Schafkäsesauce
Im Bild hinten: Sonnenblumen-Knoblauch-Sauce

Mayonnaise

Damit die Mayonnaise etwas weniger üppig wird, können Sie auch die Hälfte des Öls durch Joghurt oder Magerquark ersetzen.
Achten Sie darauf, daß die Eier ganz frisch sind. Die angerührte Mayonnaise bald aufbrauchen.

Zutaten für 4 Personen:
2 Eigelb
Salz
1/2 Teel. scharfer Senf
2 Teel. Zitronensaft
1/4 l Pflanzenöl
weißer Pfeffer, frisch gemahlen

Berühmtes Rezept

Pro Portion etwa:
2500 kJ/600 kcal
2 g Eiweiß · 65 g Fett
0 g Kohlenhydrate

- Zubereitungszeit: etwa 15 Minuten

1. Die Eigelbe mit etwas Salz, dem Senf und dem Zitronensaft in eine Schüssel geben und etwas verrühren. Etwa 1 Minute stehenlassen.

2. Das Öl erst tropfenweise mit einem Schneebesen oder dem Handrührgerät untermischen.

3. Dann kräftiger rühren und das Öl in feinem Strahl dazufließen lassen – aber immer nur so viel, wie die Eigelb-Masse aufnehmen kann. Weiterrühren, bis die Masse cremig geworden ist.

4. Die Mayonnaise mit Pfeffer und, falls nötig, noch mit etwas Salz abschmecken.

Varianten:

Knoblauchmayonnaise

2–4 durchgepreßte Knoblauchzehen, je nach Größe, am Anfang mit den Eigelben mischen. Diese Mayonnaise paßt gut zu Fisch, Fleisch und Fondue.

Andalusische Sauce

Unter die fertige Mayonnaise 2 Eßlöffel kleingewürfelte, rote Paprikaschote und 5 Eßlöffel passierte Tomaten mischen. Zusätzlich mit edelsüßem Paprikapulver und 1 Messerspitze Cayennepfeffer abschmecken. Gut als Sauce zu Reissalat, zu Fisch und als Grillsauce.

Sauce tartare

Unter die fertige Mayonnaise 2 Eßlöffel feingehackte Kapern, 1 feingehackte Schalotte, 5 feingehackte Cornichons, 2 Eßlöffel gemischte, feingehackte Kräuter und 2 Teelöffel Zitronensaft mischen. Sie paßt zu gebratenem Fisch, Fondue, Fleisch.

Leichte grüne Mayonnaise

Die Mayonnaise nur mit 200 ccm Öl herstellen. Dann 4 Eßlöffel Magerquark untermischen. 1 gemischten Kräuterstrauß sehr fein hacken und unterheben, nach Belieben auch noch 1–2 Knoblauchzehen dazupressen.

Tip!

Auch Mayonnaise gelingt ganz leicht, wenn Sie sich genau ans Rezept halten! Wichtig ist, daß alle Zutaten Zimmertemperatur haben, damit die Sauce nicht gerinnt. Deshalb die Eier schon etwa 30 Minuten vor der Zubereitung aus dem Kühlschrank nehmen. Droht die Mayonnaise doch zu gerinnen, rühren Sie einfach 1–2 Eßlöffel heißes Wasser dazu.

Kalte Tomatensauce

Sie ist ideal als Nudelsauce (einfach unter heiße Nudeln mischen), Grillsauce, zum Fondue, Fleisch und Fisch. Sie können die Sauce auch erhitzen und warm servieren.

Zutaten für 4 Personen:
500 g Fleischtomaten
Salz
schwarzer Pfeffer, frisch gemahlen
1 Eßl. Rotweinessig
2 Eßl. Kräuteröl (oder Olivenöl)
2 Knoblauchzehen
1 Bund Basilikum

Schnell

Pro Portion etwa:
240 kJ/60 kcal
1 g Eiweiß · 4 g Fett
4 g Kohlenhydrate

- Zubereitungszeit: etwa 15 Minuten

1. Die Tomaten mit kochendem Wasser überbrühen, häuten, entkernen und fein hacken.

2. Die Tomaten mit Salz und Pfeffer würzen. Den Essig und das Öl unterrühren. Den Knoblauch dazudrücken.

3. Das Basilikum waschen und trockenschütteln. Die Blättchen von den Stengeln zupfen, grob hacken, zu der Tomatensauce geben und alles gut miteinander vermischen.

Kapernsauce

Sehr gut zu kaltem oder warmem Roastbeef, Sülze oder gekochtem Gemüse.

Zutaten für 4 Personen:
1/8 l heller Fleischfond
(selbstgemacht oder aus dem Glas)
Salz
schwarzer Pfeffer, frisch gemahlen
2 Eßl. Zitronenessig
4 Eßl. Öl
4 Eßl. Kapern
1 hartgekochtes Ei
1/2 Bund Petersilie

Spezialität

Pro Portion etwa:
400 kJ/95 kcal
2 g Eiweiß · 10 g Fett
0 g Kohlenhydrate

- Zubereitungszeit: etwa 15 Minuten

1. Den Fleischfond in eine Schüssel geben, Salz, Pfeffer, den Zitronenessig und das Öl dazugeben und alles mit den Schneebesen des Handrührgeräts cremig aufschlagen.

2. Die Hälfte der Kapern und das harte Ei fein hacken und mit den ganzen Kapern unter die Sauce haben.

3. Die Petersilie waschen und trockenschütteln. Die Blättchen von den Stengeln zupfen, fein hacken und untermischen.

Radieschensauce

Besonders gut zu Sülzen und Wurstsalat.

Zutaten für 4 Personen:
3 Eßl. Sherryessig
Salz
weißer Pfeffer, frisch gemahlen
5 Eßl. Olivenöl
1–2 Bund Radieschen

Raffiniert

Pro Portion etwa:
400 kJ/95 kcal
0 g Eiweiß · 10 g Fett
1 g Kohlenhydrate

- Zubereitungszeit: etwa 10 Minuten

1. Den Essig mit Salz in einer Schüssel verrühren, bis sich das Salz aufgelöst hat. Dann Pfeffer zugeben und das Olivenöl langsam einfließen lassen. Dabei ständig mit dem Schneebesen schlagen, bis eine cremige Marinade entstanden ist.

2. Die Radieschen mit den Blättern gut waschen. Die Radieschen vom Wurzelende befreien und fein hacken. Die Blätter ebenfalls fein hacken. Alles in die Sauce geben und verrühren.

Im Bild vorne: Kapernsauce
Im Bild hinten links: Kalte Tomatensauce
Im Bild hinten rechts: Radieschensauce

Frankfurter Grüne Sauce

Eine leichte Variante der bekannten Sauce. Sie paßt zu Pellkartoffeln, Sülzen, pochierten Eiern, gekochtem Fleisch und Frikadellen.

Zutaten für 4 Personen:
3 Eier
je 1 Bund Dill, Basilikum, glatte Petersilie und Schnittlauch
1 Handvoll Kerbel
1 Stengel Liebstöckel
2–3 Stengel Estragon (oder 1 Kräutermischung für Grüne Sauce)
nach Belieben noch Kresse, Pimpinelle, Borretsch, Zitronenmelisse
1 kleine Zwiebel
150 g saure Sahne · 150 g Joghurt
250 g Sahnequark · Salz
weißer Pfeffer, frisch gemahlen
3–4 Eßl. Zitronensaft
1 Schuß Worcestersauce
1 Messerspitze Delikateßpaprika

Berühmtes Rezept

Pro Portion etwa:
980 kJ/230 kcal
15 g Eiweiß · 17 g Fett
6 g Kohlenhydrate

- Zubereitungszeit: etwa 35 Minuten

1. Die Eier hart kochen. Abschrecken, schälen und fein würfeln.

2. Inzwischen die Kräuter waschen und fein hacken. Die Zwiebel fein hacken.

3. Die saure Sahne, den Joghurt und den Quark cremig rühren, mit Salz, Pfeffer, dem Zitronensaft, der Worcestersauce und dem Paprika abschmecken. Die Kräuter, die Zwiebel und die Eier unterheben.

Thunfischsauce

Sie paßt zu Nudeln, gedünstetem Gemüse und gekochten Eiern.

Zutaten für 4 Personen:
2 Dosen Thunfisch im eigenen Saft (zu je 150 g)
2 Sardellenfilets · 2 Eigelb
1/8 l Olivenöl
Saft von 1 Zitrone
2 Eßl. Kapern · Salz
schwarzer Pfeffer, frisch gemahlen

Spezialität aus Italien

Pro Portion etwa:
2200 kJ/520 kcal
20 g Eiweiß · 50 g Fett
0 g Kohlenhydrate

- Zubereitungszeit: etwa 20 Minuten

1. Den Thunfisch in einem Sieb gut abtropfen lassen. Die Sardellenfilets abspülen und trockentupfen. Den Thunfisch mit den Sardellen fein pürieren.

2. Die Eigelbe in einer Schüssel etwas verrühren. Das Öl in ganz dünnem Strahl dazufließen lassen, dabei mit dem Schneebesen oder dem Handrührgerät ständig rühren, bis eine cremige Mayonnaise entstanden ist.

3. Die Thunfisch-Sardellen-Creme mit der Mayonnaise mischen. Den Zitronensaft und die Kapern unterrühren. Mit Salz und Pfeffer kräftig abschmecken. Die Sauce bis zum Servieren zugedeckt kalt stellen.

Roquefortsauce

Sie paßt gut zu Chinakohl-, Weißkohl- oder Eissalat.

Zutaten für 4 Personen:
100 g Roquefort (oder anderer Blauschimmelkäse)
2 Eßl. saure Sahne
2 Eßl. Mayonnaise
1 Eßl. Weißweinessig · Salz
weißer Pfeffer, frisch gemahlen
Zitronensaft

Schnell

Pro Portion etwa:
660 kJ/160 kcal
5 g Eiweiß · 14 g Fett
1 g Kohlenhydrate

- Zubereitungszeit: etwa 10 Minuten

1. Den Käse mit einer Gabel zerdrücken und mit der sauren Sahne, der Mayonnaise und dem Weinessig gut verrühren.

2. Die Sauce mit Salz, Pfeffer und Zitronensaft abschmecken.

Im Bild vorne: Roquefortsauce
Im Bild Mitte: Thunfischsauce
Im Bild hinten: Frankfurter Grüne Sauce

Kräuter-Remoulade

Sie paßt zu kaltem Braten, Sülzen und Fischfilet.

Zutaten für 4–6 Personen:
2 Eier · 2 Eigelb
1 Eßl. mittelscharfer Senf
1/4 l Öl · Salz
schwarzer Pfeffer, frisch gemahlen
4 Eßl. Weißweinessig
4 Eßl. Crème fraîche (oder Joghurt)
1 Bund gemischte Kräuter (Kerbel, Dill, Schnittlauch, Kresse, Petersilie)
1 Eßl. Kapern · 1 kleine Zwiebel
3 Cornichons (eingelegte Gürkchen)
2 Sardellenfilets

Berühmtes Rezept

Bei 6 Personen pro Portion etwa:
1330 kJ/320 kcal
3 g Eiweiß · 35 g Fett
1 g Kohlenhydrate

- Zubereitungszeit: etwa 40 Minuten

1. Die Eier in etwa 10 Minuten hart kochen, eiskalt abschrecken, abkühlen lassen, schälen, halbieren und die Eigelbe in eine Schüssel geben.

2. Die 2 rohen Eigelb und den Senf dazugeben und mit einer Gabel verrühren. Das Öl erst tropfenweise, dann in dünnem Strahl zufließen lassen. Dabei mit den Schneebesen des Handrührgeräts rühren, bis eine cremige Sauce entsteht.

3. Mit Salz, Pfeffer und dem Essig würzen. Die Crème fraîche unterziehen.

4. Die Kräuter waschen, trockenschütteln und fein hacken. Die Kapern, die Zwiebel und die Cornichons in kleine Würfel schneiden. Die Sardellenfilets abspülen und kleinschneiden. Alles unter die Remoulade mischen und nochmals abschmecken. Die Sauce mit dem gehackten Eiweiß bestreuen.

Vinaigrette

Diese klassische Sauce paßt zu jedem Salat.

Zutaten für 4 Personen:
3 Eßl. Essig · Salz
4 Eßl. Öl · Pfeffer, frisch gemahlen

Berühmtes Rezept

Pro Portion etwa:
560 kJ/130 kcal
0 g Eiweiß · 15 g Fett
0 g Kohlenhydrate

- Zubereitungszeit: etwa 10 Minuten

1. Den Essig mit Salz in einer Schüssel verrühren, bis sich das Salz aufgelöst hat.

2. Dann das Öl in dünnem Strah dazufließen lassen und dabei ständig kräftig weiterschlagen, bis die Sauce cremig wird. Die Vinaigrette mit Pfeffer abschmecken.

Varianten:
Sie können eine Vinaigrette beliebig abwandeln, beispielsweise mit feingehackten Zwiebeln, Knoblauch oder Kräutern. Senf oder ausgebratene Speckwürfel passen auch gut. Oder gewürfelten Käse, gehackte harte Eier, Nüsse, Sesam, Kümmel oder Anissamen untermischen.

Zitronensauce

Paßt sehr gut zu Räucherlachs, Carpaccio (hauchdünn geschnittenes, roh mariniertes Rindfleisch) oder Gemüse.

Zutaten für 4 Personen:
1 Eßl. Dijonsenf · 3 Eigelb
Saft von 2 Zitronen
1 Eßl. Öl · Salz
weißer Pfeffer, frisch gemahlen

Schnell

Pro Portion etwa:
300 kJ/70 kcal
3 g Eiweiß · 7 g Fett
0 g Kohlenhydrate

- Zubereitungszeit: etwa 10 Minuten

1. Den Senf mit den Eigelben in einer Schüssel gut verrühren. Langsam den Zitronensaft und das Öl unter ständigem Rühren dazufließen lassen, bis eine cremige Sauce entstanden ist.

2. Mit Salz und Pfeffer pikant abschmecken.

Bild oben: Vineigrette (links) und Kräuter-Remoulade (rechts)
Bild unten: Zitronensauce

Avocadosauce mit Kresse

Als Dip mit frischem rohem Gemüse, zu kaltem Fleisch und Fondue oder als Sauce für Kartoffelsalat. Die Sauce sollte unmittelbar vor dem Servieren zubereitet werden. Falls nötig, zugedeckt kaltstellen und nochmals durchrühren.

Zutaten für 4 Personen:
1 reife Avocado
Saft von 1/2 Zitrone
250 g Magerquark
1/2 Teel. gemahlener Koriander
Salz
weißer Pfeffer, frisch gemahlen
1 Messerspitze Cayennepfeffer
1/2 Kästchen Kresse

Gelingt leicht

Pro Portion etwa:
660 kJ/160 kcal
9 g Eiweiß · 12 g Fett
3 g Kohlenhydrate

• Zubereitungszeit: etwa 10 Minuten

1. Die Avocado längs halbieren, den Kern entfernen und das Fruchtfleisch mit einem Löffel herausschaben. Sofort mit dem Zitronensaft beträufeln, damit es sich nicht verfärbt.

2. Das Avocadofleisch mit dem Magerquark, dem Koriander, Salz, Pfeffer und dem Cayennepfeffer in den Mixer geben und fein pürieren.

3. Die Sauce in eine Schüssel füllen und, falls nötig, nachwürzen. Die Kresse waschen, drei Viertel der Blättchen über der Sauce mit der Küchenschere abschneiden und unterheben.

4. Die Sauce nochmals durchrühren. Die restlichen Kresseblättchen abschneiden und darüber streuen.

Salsa verde

Klassisch zu »Bollito misto«, das heißt, zu gemischtem, gekochtem Fleisch wie Zunge, Hähnchen, Kalbfleisch. Aber auch zu Sülze oder pochierten Eiern ist sie köstlich.

Zutaten für 4 Personen:
2 Bund glatte Petersilie
2 Sardellenfilets
2 Schalotten
1 Knoblauchzehe
2 Eßl. Kapern
2 Eßl. Semmelbrösel
Saft von 1/2 Zitrone
1/8 l Olivenöl
Salz
schwarzer Pfeffer, frisch gemahlen

Spezialität aus Italien

Pro Portion etwa:
1300 kJ/310 kcal
2 g Eiweiß · 32 g Fett
5 g Kohlenhydrate

- Zubereitungszeit: etwa 1 Stunde 20 Minuten (davon 1 Stunde Marinierzeit)

1. Die Petersilie waschen und trockenschütteln. Die Blättchen von den Stengeln zupfen und fein hacken. Die Sardellenfilets unter fließendem kaltem Wasser abspülen und ebenfalls fein hacken.

2. Die Schalotten und den Knoblauch schälen und in kleine Würfel schneiden. Die Kapern abtropfen lassen und kleinschneiden.

3. Alles mit den Semmelbröseln und dem Zitronensaft in eine Schüssel geben. Das Olivenöl unter ständigem Rühren mit dem Schneebesen langsam dazufließen lassen, bis die Sauce dickflüssig ist.

4. Zum Schluß mit Salz und Pfeffer kräftig abschmecken. Die Sauce zugedeckt mindestens 1 Stunde durchziehen lassen. Vor dem Servieren noch einmal gut durchrühren.

Walnußsauce mit Kefir

Sie paßt gut als Dip für rohes Gemüse.

Zutaten für 4 Personen:
200 g Kefir
2 Eßl. Walnußöl (oder Pflanzenöl)
1/2 Teel. Paprikapulver, rosenscharf
Salz
weißer Pfeffer, frisch gemahlen
100 g halbe Walnußkerne
2 Bund Schnittlauch
125 g Sahne

Exklusiv

Pro Portion etwa:
1400 kJ/330 kcal
6 g Eiweiß · 31 g Fett
6 g Kohlenhydrate

- Zubereitungszeit: etwa 10 Minuten

1. Den Kefir in eine Schüssel geben und das Walnußöl unterrühren. Mit dem Paprika, Salz und Pfeffer würzen.

2. Die Walnüsse im Blitzhacker oder mit einem schweren Messer mittelfein hacken und untermischen. Ein paar Nüsse zum Bestreuen beiseite legen.

3. Den Schnittlauch waschen, trockenschütteln und in feine Röllchen schneiden.

4. Die Sahne steif schlagen und mit dem Schnittlauch unter die Sauce ziehen. Die Sauce abschmecken und mit den restlichen Walnüssen bestreut servieren.

Meerrettichsauce

Zu Braten oder gekochtem Rindfleisch, aber auch zu Fisch.

Zutaten für 4 Personen:
200 g Meerrettichwurzel
200 g Crème fraîche
150 g Joghurt
1 Teel. scharfer Senf
Salz
weißer Pfeffer, frisch gemahlen

Für Ungeübte

Pro Portion etwa:
1000 kJ/240 kcal
4 g Eiweiß · 22 g Fett
9 g Kohlenhydrate

- Zubereitungszeit: etwa 15 Minuten

1. Die Meerrettichwurzel schälen und auf einer Gemüsereibe sehr fein reiben. Oder im Blitzhacker ganz fein zerkleinern. Achtung, sie ist sehr scharf!

2. Die Crème fraîche mit dem Joghurt und dem Senf gründlich verrühren und den geriebenen Meerrettich unterheben. Die Sauce mit Salz und Pfeffer abschmecken.

Tip!

Anstelle von frischem Meerrettich können Sie auch die gleiche Menge aus dem Glas nehmen. Dann wird die Sauce etwas weniger scharf.

Koriandersauce

Zu Kartoffelsalat, Rindfleischsalat oder Lammkoteletts.

Zutaten für 4 Personen:
1 Schalotte
1 Eßl. Koriandерkörner
Saft von 1 Zitrone
5 Eßl. Olivenöl · Salz
schwarzer Pfeffer, frisch gemahlen
1 Prise Zucker
1 Bund frischer Koriander

Raffiniert

Pro Portion etwa:
400 kJ/95 kcal
0 g Eiweiß · 10 g Fett
1 g Kohlenhydrate

- Zubereitungszeit: etwa 10 Minuten

1. Die Schalotte schälen und sehr fein würfeln. Die Korianderkörner in einem Mörser oder im Blitzhacker fein zerkleinern.

2. Aus dem Zitronensaft, dem Olivenöl, Salz, Pfeffer und dem Zucker mit dem Schneebesen eine cremige Sauce rühren. Die Schalottenwürfel und den Koriander untermischen.

3. Den Koriander waschen, trockenschütteln, fein hacken und in die Sauce geben.

Im Bild vorne: Koriandersauce
Im Bild Mitte: Meerrettichsauce
Im Bild hinten: Walnußsauce mit Kefir

Orangensauce

Paßt gut zu heißen, gebratenen Bananen, zu Vanilleeis oder Orangensorbet.

Zutaten für 4 Personen:
4 Orangen, davon 1 unbehandelt
3 Eßl. trockener Weißwein
(oder Orangensaft)
2 Eßl. Zucker
30 g kalte Butter
4 Tropfen Bittermandelöl

Gelingt leicht

Pro Portion etwa:
540 kJ/130 kcal
1 g Eiweiß · 6 g Fett
16 g Kohlenhydrate

- Zubereitungszeit: etwa 20 Minuten

1. Die unbehandelte Orange heiß waschen, abtrocknen, dünn abschälen und die Schale in feine Streifchen schneiden. Oder die Schale mit dem Juliennereißer abschälen. Kurz mit kochendem Wasser überbrühen und in einem Sieb abtropfen lassen.

2. Alle 4 Orangen auspressen und den Saft mit den Orangenstreifen, dem Weißwein und dem Zucker aufkochen, dann bei mittlerer Hitze etwas einkochen lassen.

3. Die Butter in Stückchen schneiden und nach und nach mit dem Schneebesen unter die Orangensauce rühren. Zum Schluß mit dem Bittermandelöl aromatisieren.

Apfelwein-Schaumsauce

Raffiniert zu Apfelküchlein, paßt aber auch zu Vanilleeis oder frischen Beeren.

Zutaten für 4 Personen:
4 Eigelb
5 Eßl. Zucker
3/8 l Apfelwein
Zimt zum Bestäuben

Raffiniert

Pro Portion etwa:
930 kJ/220 kcal
3 g Eiweiß · 6 g Fett
14 g Kohlenhydrate

- Zubereitungszeit: etwa 10 Minuten

1. Die Eigelbe mit dem Zucker in eine Metallschüssel geben und mit den Schneebesen des Handrührgeräts schaumig schlagen.

2. Die Schüssel dann in ein heißes Wasserbad stellen und so lange weiterschlagen, bis die Masse dickcremig und hellgelb wird.

3. Dann den Apfelwein langsam unter ständigem Rühren dazufließen lassen. Die Sauce mit Zimt bestäuben und warm servieren.

Rum-Sabayon

Besonders harmonisch zu exotischen Früchten, Fruchtsalat oder Sorbets.

Zutaten für 4 Personen:
4 Eigelb
4 Eßl. Zucker
8 Eßl. weißer oder brauner Rum

Spezialität

Pro Portion etwa:
630 kJ/150 kcal
3 g Eiweiß · 6 g Fett
10 g Kohlenhydrate

- Zubereitungszeit: etwa 15 Minuten

1. Die Eigelbe mit dem Zucker in eine Metallschüssel geben und mit dem Schneebesen schaumig schlagen.

2. Die Schüssel dann in ein heißes Wasserbad stellen (Vorsicht, das Wasser darf nicht kochen, weil das Eigelb sonst gerinnt) und weiterschlagen, bis die Masse dickcremig und hellgelb geworden ist.

3. Den Rum mit 1/8 l Wasser mischen und während des Schlagens dazufließen lassen. Den Sabayon gleich servieren, er fällt zusammen, wenn er länger steht.

Im Bild vorne: Rum-Sabayon
Im Bild Mitte: Orangensauce
Im Bild hinten: Apfelwein-Schaumsauce

Mangosauce

Zutaten für 4 Personen:
1 reife Mango
100 ccm Wasser
1 Eßl. Honig
1 Eßl. Zitronensaft
4 cl Melonenlikör
(oder Orangenlikör, ersatzweise gelber Obstsaft)

Exklusiv

Pro Portion etwa:
240 kJ/60 kcal
0 g Eiweiß · 0 g Fett
12 g Kohlenhydrate

- Zubereitungszeit: etwa 1 1/4 Stunden (davon 1 Stunde Kühlzeit)

1. Die Mango schälen und das Fruchtfleisch vom Kern schneiden. In einen Topf geben, mit dem Wasser auffüllen und aufkochen. Den Honig und den Zitronensaft unterrühren und in etwa 5 Minuten (je nach Reife der Mango) weich dünsten.

2. Alles zusammen im Mixer pürieren. Den Melonenlikör unterrühren und die Sauce abkühlen lassen.

Variante:
Wenn die Mangosauce abgekühlt ist, noch 3 Eßlöffel geschlagene Sahne unterziehen. Die Farbe wird dann allerdings heller.

Lebkuchensauce

Sie paßt gut zu Bratäpfeln, frischem Obst, Vanillepudding, Mandelcreme und Eis.

Zutaten für 6–8 Personen:
4 Schokoladenlebkuchen
3/8 l Milch
125 g Sahne

Gelingt leicht

Bei 8 Personen pro Portion etwa:
650 kJ/155 kcal
3 g Eiweiß · 11 g Fett
13 g Kohlenhydrate

- Zubereitungszeit: etwa 20 Minuten

1. Die Lebkuchen in kleine Würfel schneiden. Mit der Milch in einen Topf geben und bei schwacher Hitze aufkochen. Die Masse etwa 5 Minuter köcheln, dann fein pürieren.

2. Die Sahne steif schlagen und unter die Sauce heben.

Quitten-Sekt-Sauce

Eine ausgefallene Sauce zu Honigparfait, Lebkuchensoufflé oder Grießpudding.

Zutaten für 4 Personen:
3 kleinere Quitten (etwa 350 g)
Saft von 1 Zitrone
3/8 l trockener Sekt
(oder Weißwein)
2 Eßl. Waldhonig

Raffiniert

Pro Portion etwa:
720 kJ/170 kcal
1 g Eiweiß · 1 g Fett
25 g Kohlenhydrate

- Zubereitungszeit: etwa 50 Minuten

1. Die Quitten schälen, achteln und entkernen. Mit dem Zitronensaft, dem Sekt und dem Honig in einen Topf geben und zugedeckt etwa 40 Minuten köcheln lassen, bis die Früchte fast zerfallen.

2. Alles im Mixer pürieren und die Sauce kalt stellen.

Im Bild vorne: Lebkuchensauce
Im Bild Mitte: Quitten-Sekt-Sauce
Im Bild hinten: Mangosauce

Vanillesauce

Warm oder kalt: klassisch zu Apfelstrudel, Bratäpfeln, Eis oder Schokoladenpudding.

Zutaten für 4 Personen:
2 Eigelb · 4 Eßl. Zucker
1 Vanilleschote
2 Teel. Speisestärke
1/2 l kalte Milch

Gelingt leicht

Pro Portion etwa:
680 kJ/160 kcal
6 g Eiweiß · 7 g Fett
18 g Kohlenhydrate

- Zubereitungszeit: etwa 15 Minuten

1. Die Eigelbe mit dem Zucker in eine Schüssel geben. Mit den Schneebesen des Handrührgeräts cremig schlagen.

2. Die Vanilleschote längs aufschlitzen, das Mark auskratzen, mit der Speisestärke und der Milch in einem Topf verrühren.

3. Die Eiercreme hinzufügen und alles bei schwacher Hitze erwärmen. Dabei ständig rühren, bis die Sauce eine cremige Konsistenz hat. Vorsicht, sie darf nicht kochen, sonst gerinnt sie. Die Vanillesauce schmeckt warm oder kalt.

Tip!

Die ausgekratzte Vanilleschote mit Zucker in ein verschließbares Glas füllen, er nimmt dann das Vanille-Aroma an.

Frischkäsesauce mit Zitrone

Die Sauce wird lauwarm serviert zu Eis, frischen Früchten, Mousse oder Kompott. Sie schmeckt auch kalt.

Zutaten für 4 Personen:
2 Eigelb · 2 Eßl. Zucker
1 Päckchen Vanillinzucker
200 g Frischkäse
1 unbehandelte Zitrone
3 Eßl. Sahne
4 Eßl. Himbeergeist (oder Sahne)

Raffiniert

Pro Portion etwa:
820 kJ/200 kcal
7 g Eiweiß · 13 g Fett
8 g Kohlenhydrate

- Zubereitungszeit: etwa 15 Minuten

1. Die Eigelbe mit dem Zucker in eine Schüssel geben und mit dem Schneebesen zu einer hellgelben, dicklichen Creme verrühren. Den Vanillinzucker einstreuen und den Frischkäse löffelweise hinzufügen.

2. Die Masse in einen Topf füllen und die Creme langsam unter ständigem Rühren erhitzen, aber nicht kochen lassen.

3. Die Zitrone heiß waschen, abtrocknen und die Schale abreiben. Die Sahne halbsteif schlagen und mit der Zitronenschale und dem Himbeergeist unter die Creme rühren. Abkühlen lassen.

Karamelsauce

Paßt zu Eis, Pudding und pochiertem Obst.

Zutaten für 4 Personen:
2 Eßl. Butter
3 Eßl. Zucker
200 g Sahne
4 Eßl. Amaretto (oder Sahne)
2 Eßl. Mandelblättchen

Spezialität

Pro Portion etwa:
1200 kJ/290 kcal
2 g Eiweiß · 25 g Fett
13 g Kohlenhydrate

- Zubereitungszeit: etwa 10 Minuten

1. Die Butter in einer Pfanne schmelzen, den Zucker zugeben und unter Rühren braun werden lassen.

2. Die Masse mit der Sahne ablöschen und kurz köcheln. Den Amaretto dazugießen und die Sauce noch einmal durchrühren.

3. In einer beschichteten Pfanne ohne Fett die Mandelblättchen unter Wenden goldbraun anrösten und über die Karamelsauce streuen.

Im Bild vorne: Vanillesauce
Im Bild Mitte: Frischkäsesauce mit Zitrone
Im Bild hinten: Karamelsauce

REZEPT- UND SACHREGISTER

Zum Gebrauch
Damit Sie Rezepte mit bestimmten Zutaten noch schneller finden können, stehen in diesem Register zusätzlich auch beliebte Zutaten wie Tomaten – ebenfals alphabetisch geordnet und halbfett gedruckt – über den entsprechenden Rezepten.

IMPRESSUM

Umschlag-Vorderseite:
Die Rezepte für die Specksauce, die Rote Paprikasauce und die Broccolisauce finden Sie auf Seite 20.

4. Auflage 1993

Redaktion:
Adelheid Schmidt-Thomé
Layout: Ludwig Kaiser
Typographie: Robert Gigler
Produktion und Herstellung:
BuchHaus.
Kraxenberger.Gigler.GmbH
Fotos: Odette Teubner,
Kerstin Mosny
Umschlaggestaltung:
Heinz Kraxenberger
Druck: Appl, Wemding
Reproduktionen:
Greineder, München
Bindung: Sellier, Freising
ISBN 3-7742-1119-1

Cornelia Adam
arbeitete zunächst als engagierte Hotelfachfrau. Später konnte sie ihre vielfältigen Erfahrungen berufsbedingter Auslandsaufenthalte als Redakteurin einer bekannten deutschen Frauenzeitschrift in Wort und Bild umsetzen. Seit langem arbeitet sie als freiberufliche Food-Journalistin und Kochbuchautorin.

Odette Teubner
wurde durch ihren Vater, den international bekannten Food-Fotografen Christian Teubner, ausgebildet. Heute arbeitet sie ausschließlich im Studio für Lebensmittelfotografie Teubner. In ihrer Freizeit ist sie begeisterte Kinderporträtistin – mit dem eigenen Sohn als Modell.

Kerstin Mosny
besuchte eine Fachhochschule für Fotografie in der französischen Schweiz. Danach arbeitete sie als Assistentin bei verschiedenen Fotografen, unter anderem bei dem Food-Fotografen Jürgen Tapprich in Zürich. Seit März 1985 arbeitet sie im Fotostudio Teubner.